哈佛领导课

李世化 ◎ 著

中国商业出版社

图书在版编目（CIP）数据

哈佛领导课 / 李世化著. -- 北京：中国商业出版社, 2019.10
　ISBN 978-7-5208-0959-7

Ⅰ.①哈… Ⅱ.①李… Ⅲ.①领导学—通俗读物 Ⅳ.① C933-49

中国版本图书馆 CIP 数据核字（2019）第 228304 号

责任编辑：刘毕林

中国商业出版社出版发行
010-63180647　www.c-cbook.com
（100053 北京广安门内报国寺 1 号）
新华书店经销
北京京丰印刷厂印刷
*
710 毫米 ×1000 毫米　16 开　16.5 印张　220 千字
2019 年 10 月第 1 版　2019 年 10 月第 1 次印刷
定价：58.00 元
****
（如有印装质量问题可更换）

前言

曾有两张美国哈佛大学的照片在网上广泛传播,地点是座无虚席的哈佛图书馆,时间为凌晨4点多,人物是求知若渴的哈佛学子……图片配文这样写道:哈佛是一种象征。在这种象征的力量之下,哈佛共出过8位美国总统,100多位诺贝尔奖获得者。此外,还出了一大批知名的学科创始人、世界级的学术带头人和著名的企业家。

哈佛商学院成立于1908年,从一开始就以培养出类拔萃的高级领导人才为办学宗旨。在美国500家最大的企业中担任要职的,有不少人出自哈佛商学院门下。

哈佛出领导人才,这几乎已经成了全世界的共识。而出身于哈佛的领导者,往往具有准确的直觉、不可抵挡的魅力、高深的洞见、杰出的管理才能和激励他人的号召力。他们看上去如此自信,好像不费吹灰之力就能出色地领导众人,高效地管理团队。但其实,每个领导者都是历经社会的千锤百炼,才走到如今这个位置的。

领导者,是企业的关键组成部分。一个自信果敢的领导者能力挽狂澜,挽救企业于危难之时;一个睿智好学的领导者能为企业创造出难以预估的价值和利益；一个眼光长远的领导者能帮助企业避免一个又一个的失误……不一而足。

所以说，领导者需要具备每临大事有静气的定力、不轻言放弃的忍耐力、综观全局的长远眼光和自信果断的魄力。另外，对领导者来说，有多大的胸怀就能干成多大的事，这正体现了哈佛一直提倡的"求同存异"的精神，这在哈佛人身上体现得淋漓尽致。

有着"企业家的精神领袖"之称的霍华德，是哈佛商学院的传奇人物，在他40多年的执教生涯中，可谓桃李满天下，其中不乏国家领导人、世界级的商业领袖和大企业的CEO。霍华德曾就"失败"这一话题提及一个关于"转折点"的概念，他说："这个转折点可以改变我们的固定思维方式。它带有的潜在能量一旦被激发出来，将是个人发展的千载难逢的好机会。"霍华德认为，一个人的潜在能量也就是他在某种情境中暗藏着的某种机遇，这种机遇可以刺激我们作出改变，从而颠覆过去。

由此可见，作为一个领导者必须具有灵活的思维与头脑，如此才能最大限度地激发出自己的潜能，从而带领团队走向更辉煌的成功。

在本书中，我们挖掘了很多关于哈佛培养出的成功领导者的真实故事和言论，涉及人格魅力、知人善任、忧患意识、完善性学习等方面，可以说涵盖了领导者工作、生活的方方面面。而且，本书将那些专业、枯燥的心理学知识转化为生动的内容，以真人实例为读者详细解读这些已经融入哈佛精髓的领导智慧，以期为读者成为一个优秀的领导者提供切实的帮助。

阅读这些成功者的事迹，能够帮助我们寻找到一条哈佛培养领导者的脉络；向这些成功者学习，能够让我们向卓越领导者之路迈进。希望本书能够助力大家在企业的管理工作中更加顺畅，攻无不克，无往不利。

目录

第一章 气定神闲，不疾不徐有定力 001

1. 能控制自己的人，才能领导别人 001
2. 不要随便显露你的情绪 004
3. 要具有处变不惊的气度 007
4. 冷静应对下属的顶撞 010
5. 征询他人意见前先思考，但不要先讲 012
6. 在特定的场合要保持必要的深沉 015
7. 重要的决定可以隔夜再发布 017
8. 永远不疾不徐，娓娓道来 019

第二章 韧性十足，扛住压力才能经得起考验 022

1. 该做的事，顶着压力也要干 022
2. 面对困难不逃避、不退缩 024
3. 不要为小事而忧愁 027
4. 有一点韧劲，再大的浪也有打不翻的船 029

5. 激发潜在能量，在失败中奋起 032

6. 一旦采取行动，就坚持到底 035

7. 要能抵住眼前的利益诱惑 038

第三章 勇于担当，领导魅力来自高尚的人格 041

1. 少说给别人听，多做给别人看 041

2. 真诚地关心员工 044

3. 拥有亲和力的领导者最有魅力 047

4. 该冷酷的时候就冷酷 050

5. 用饱满的工作热情影响下属 053

6. 不怕袒露自己的弱点 056

7. 责任面前有担当 058

第四章 知人善任，用对人才能做对事 063

1. 知人然后才能善任 063

2. 请合适的人"上车"，让不合适的人"下车" 065

3. 善于用人之长、避人之短 070

4. 用人不要带有私人情感 073

5. 不要忽视"小人物" 075

6. 大胆起用新人 077

7. 宁用有德愚人，不用无德小人 080

第五章 高屋建瓴，眼光长远掌握趋势 084

1. 人无远虑，必有近忧 084

2. 不谋全局者，不足以谋一域 086

3. 要能"走一步看三步" 089

4. 好的领导者总有清晰的目标 092

5. 抢在竞争对手之前判断行业趋势 094

6. 不满足于现状，给自己更大的挑战 097

7. 时刻把危机意识放在心头 100

第六章 善于工作，琐事不管大事拍板 103

1. 不值得的事坚决不做 103

2. 管理越少越好 106

3. 不要什么事都亲力亲为 108

4. 琐事不管，大事拍板 111

5. 防止干扰，一次只做一件事 116

6. 越是"俗事"缠身，越要学会放松减压 118

第七章 自信果断，魄力十足引领他人 121

1. 别让患得患失断送你的未来 121

2. 提升领导者的决断力 124

3. 自信但不自负 129

4. 简洁的话往往更有力度 132

5. 有主见，关键时刻不能随波逐流 134

6. 再好的决策也经不起拖延 137

第八章 魅力口才，吸引和激发追随者 140

1. 领导 =70% 口才 +30% 管理 140

2. 用温暖得体的语言去感召别人 142

3. 言之有物,员工最烦领导者的大话空话　145

4. 善于运用肢体语言　147

5. 不吝啬赞扬的话,委婉地提醒对方的错误　150

6. 领导者要培养"听"的艺术　155

7. 适度自我调侃,营造良好气氛　159

8. 顺毛摸永远强过逆鳞捋　161

第九章　胸怀宽广,才能成就博大的事业　165

1. 不搞"一言堂"　165

2. 坦然承认自己的错误　168

3. 懂得欣赏,而不是挑剔别人　170

4. 没有必要憎恨自己的对手　172

5. 学会听取反对的声音　175

6. 能容其功,更能容其过　178

7. 敢用比自己强的人　181

8. 适时退一步,展现大境界　185

第十章　未雨绸缪,积极乐观也要有忧患意识　188

1. 领导者要与负面思维绝缘　188

2. 发现危机背后的机遇　191

3. 在困境中学会自我激励　194

4. 要乐观,但不盲目　197

5. 未雨绸缪是领导者的职责　199

6. 危机当头,要以壮士断腕的勇气作出决策　205

第十一章　精进自己，任何时代都需要学习型领导者　209

1. 不学习就要被淘汰　209

2. 如果你没有进步，那就意味着你正在退步　212

3. 放下身份，不耻下问　215

4. 牢记开卷有益　217

5. 在实践中探索，从失败中总结　220

6. 取人之长，补己之短　223

7. 从社会中学习　226

8. 会学习，更要能实践　229

第十二章　参透生活，幸福不是目标而是一种状态　232

1. 想要的不等于需要的　232

2. 做自己，不过分取悦他人　237

3. 化繁为简，就能活得轻松　240

4. 没有什么不可以放下　243

5. 常怀感恩之心　246

6. 运动带来健康和快乐　248

7. 忙于事业的同时，别忽略家庭　251

第一章
气定神闲，不疾不徐有定力

1. 能控制自己的人，才能领导别人

哈佛心理学教授保罗·哈莫尼斯在《权力最终属于有自控力的人》一书中指出，自控力是领导者素质的重要组成部分。自我控制是抑制自己的情绪、欲望，控制自己的行为，使自己以最合理的方式行动。自控力会让我们把掌控自己命运的权力牢牢握在手中。

杰出的领导者必然有异乎寻常的自我控制能力，一个失去自我控制力的领导者就像一个制动失灵的汽车，必然走向毁灭。可以说，没有自我控制力就不会有任何意义上的意志。

有一天，著名成功学讲师拿破仑·希尔和自己所工作的写字楼里的管理员发生了一场冲突。这场冲突直接导致两人相互仇视，甚至演变成激烈的敌对状态。

这位管理员为了"教训"希尔，每次当他知道整栋大楼里只有希尔一个人还在办公室里加班工作时，就会把大楼的电灯全部关掉。这

种情形一连发生了很多次,希尔都自认倒霉,没跟他计较。

可是有一回,希尔在办公室加班,准备一篇要在第二天晚上发表的重要演讲稿,当他刚刚在书桌前坐好时,电灯突然熄灭了。不用多想,他也知道是谁搞的鬼。忍无可忍,无须再忍,于是,他暴跳如雷地冲向大楼地下室,要与那个可恶的管理员理论。

来到地下室时,希尔发现管理员正在忙着把煤炭一铲一铲地送进锅炉内,同时吹着口哨,仿佛什么事情都未发生似的。这更加激起了希尔的愤怒,于是开始对他破口大骂。一连骂了5分钟,直到希尔再也想不起来什么骂人的话时,管理员站直身体,露出开朗的微笑,柔和地说:"呀,你今天有点儿激动吧,不是吗?"

希尔哑口无言。他明白,在这场战斗中,这个文盲管理员打败了自己。他转过身子,回到办公室认真反省了这件事后,决定回去跟管理员道歉。

看到希尔,管理员的语调依然平静:"你这一次想要干什么?"当希尔告诉他自己来道歉的想法后,他又笑着说:"凭着上帝的爱心,你用不着向我道歉。除了这四堵墙,以及你和我之外,并没有人听见你刚才所说的话。我不会把它说出去的。我知道你也不会说出去的,因此,我们不如就把此事忘了吧。"

后来,希尔跟人说,管理员对他说的那些话给了他很大的触动,使他瞬间明白了一个道理,在这场"战争"中,管理员之所以能够获胜,就是因为管理员有足够的自制力。

在明白了这个道理之后,希尔下定决心以后无论面对任何事都要学会尽量控制自己的情绪。而在希尔下定这个决心之后,神奇的事情发生了,他的笔开始发挥出更大的力量,他所说的话更具分量,他结交了更多的朋友,他的敌人也相对减少了很多。这件事成为拿破仑·希尔一生当中最重要的一个转折点。

不得不说，领导岗位是考验一个人成熟度的地方，而一个成熟的人，能够控制自己则是突出的表现，他不会因情绪的波动而扰乱自己的思考和行为，只有如此，才能够成为一名合格的领导者。

领导者一直以来都在强调管理他人的能力，但其实，管理他人必须先管好自己。当一个领导者能用比下属更严的标准去要求自己时，才能够成为下属的表率，让下属心甘情愿地团结在其周围，哪怕是对他敌视、反对的人，都将被他的自制魅力所折服。

1754年，华盛顿被推选为美国弗吉尼亚州议会议员的候选人之一，即将参加最终的选举角逐。在他的反对者里面有一个名叫威廉·佩恩的人，此人刻薄之至，无论华盛顿做什么、说什么，他总能找到攻击的地方，并对其进行大量的言论轰炸。

有一天，因为一个问题的看法不同，他再次与华盛顿展开了一场激烈的论战，情绪激动之下，佩恩挥起手中的木手杖一下子将华盛顿打倒在地，场面瞬间陷入混乱之中。当闻讯而来的华盛顿的部下义愤填膺地要教训那个无礼的家伙时，华盛顿却阻止了，他告诉大家，一切事情都由自己来处理，并让大家退回营地。

第二天上午，华盛顿让人带给佩恩一张便条，约他到一家酒店会面。佩恩以为华盛顿要跟自己决斗，便随身带了一把手枪去赴宴。然而，大出佩恩之所料，看到佩恩，华盛顿站起身来，笑容可掬地说："佩恩先生，人都有犯错误的时候，昨天确实是我的过错。你也采取行动挽回了面子。如果你觉得已经足够，那么就请握住我的手，让我们做个朋友吧！"

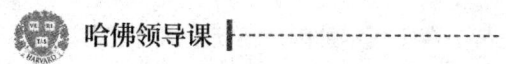

佩恩大受感动，从此以后，他成了华盛顿的一个热心崇拜者和坚定支持者。

一场在所有人看来都会升级的冲突，在华盛顿的冷静处理之下，皆大欢喜地收场。可见，一个人只有具备控制自己的能力，才有能力去控制他人。

不能控制自己的人很容易受别人的影响，对自己的情绪状态很难进行调节，不能约束自己的行动，最后被别人控制。一个无法控制自己的领导者既不能管理好自己的企业，也不能处理好与别人的关系。

我们不得不承认，领导行为的影响力远胜过权力。领导者本人首先要理解企业的价值取向，让自己成为企业的代言人，正如IBM所有管理层的思维都被染成"深蓝色"一样，这样才能够将组织的要求传递给员工，在不断的效仿、强化过程中形成一支步调一致的队伍。

2. 不要随便显露你的情绪

哈佛肯尼迪政府学院前院长、著名政治学教授约瑟夫·奈曾著有《领导的能力》一书。在书中，他提出"软实力"和"硬实力"的概念，用于解释个人的领导能力。他认为，高效的领导需要具有"聪明的实力"，也就是同时具备"软实力"和"硬实力"。而"软实力"中最重要的一条就是情商，即控制情绪的能力。

一个优秀的领导者必须精通克制自己情绪的艺术，不管遇到什么样的挑战和压力，都能够保持冷静和沉着，即使是下属在工作中出了错或者违反了企业的规定，也不会用强势的态度立刻表现出自己的愤怒，因为大吼大叫于事无补，还会破坏和员工之间的亲密关系。成熟的领导者应该懂得控制自己的情绪，喜怒哀乐不形于色。

弗雷德里希的父亲是一名普通的电器商人，他从来没走出过所在的这个小镇。在弗雷德里希大学毕业后，父亲想让他去外面闯一闯，便把他介绍到朋友开的一家生产汉堡的工厂里上班。弗雷德里希在汉堡工厂工作的时候非常用心，并且与人为善，很受同事的欢迎。

第二年，弗雷德里希的父亲研究出了一项新发明，这项发明使得他财源广进，不久就从中产阶级迈入了大工厂主，并且收购了一批同类企业，这当然也包括弗雷德里希所在的工厂。由此，弗雷德里希也从一名普通工人变成了工厂的高层领导者。

在成为工厂的高级领导者之后，弗雷德里希并没有摆起领导者的架子，对待手下的员工依然如同对待伙伴一般。他从不把喜怒哀乐挂在脸上，永远都是一副温和儒雅的样子，即使有人刻意冒犯他，或是对待阿谀奉承者，他都不做任何愤怒或是沾沾自喜的表示，依旧一视同仁。这使得他获得了大家的全力支持，几年内就把这家汉堡工厂发展成为家族最大的企业。

后来，弗雷德里希接管了父亲在德国的全部生意，成为德国乃至于欧洲电器业中举足轻重的人物。

"喜怒不形于色"不是故作神秘，而应该是领导者的基本素质。一个人完全能够以冷静客观的态度来应付事情，这种性格的人才配做一位领导者。一旦领导者把自己的真情表露出来，就容易为人所看穿，以致受到他人误导，而导致作出错误的决策。

当组织内部遭遇困难时，如果领导者露出不安的表情或慌乱的态度，便会影响到全体员工，一旦根基动摇，就会带来崩溃。这种情况下，如果能保持冷

静、若无其事的态度，就能使下属的心里保持平静。所以，要把喜怒哀乐隐藏起来，不要轻易地拿出来让别人看见。

一个领导者情绪的好坏，甚至可以影响到整个公司的气氛。如果他经常由于一些事情控制不了自己的情绪，有可能会影响到公司的整体效率。所以，一个成熟的领导者，应该是一个喜怒哀乐不形于色的人。

如果你是一个情绪化的领导者，为了少让自己"带电"作业，避免恶化管理环境与管理绩效，不妨试试下面的方法。

（1）工作之外的情绪，不要带到办公室

领导者若是把生活上的私人情绪带进工作中，就会在工作处理上有误差。

一名技术人员因为头一天工作至凌晨，第二天迟到，影响了整个工程的进展。而那天这名技术人员的上司正好情绪很糟糕，于是不由分说，狠狠地批评了他。结果没多久，这名技术人员就跳槽了。

因此，如果碰到了不顺心的事情，就走到窗前，尝试着做几次深呼吸，告诉自己：现在是工作的时间，那些烦恼的事情下班后再说。

（2）不要随便责骂员工

领导者要提醒自己，下属不是招进来被骂的，而是请进来为自己工作、愉快地挣钱的，况且并不是没有比发脾气更能解决问题的办法。

所以，当你比较激动的时候一定要控制自己的情绪，尽量避免让员工感到你对他的不满。即使你被一帮股东批驳得怒火直冒，即使在客户那里刚刚发生过激烈的争吵，你也尽量不要铁青着脸，见着下属就吼。为了避免在批评员工时情绪失控，最好在你心平气和的时候再找他们谈话。

没有人会愿意同一个情绪化的领导者共事。替自己树立一个随和、善解人意的形象，是成功的重要因素。优秀的领导者永远懂得"制怒"，才不会把事情搞糟。

（3）试着转移自己的注意力

不良情绪有时是不易控制的，此时也可以试试迂回的办法，把自己的情感和精力转移到其他事物上去，使自己没有时间去想那些不愉快的事。

比如，在第二次世界大战最艰苦的时期，美国总统罗斯福时常强迫自己挤出一点时间，把自己关在一幢房子里，摆弄他最心爱的邮票，借此摆脱周围的一切。每次去的时候，他心情忧郁，满脸阴沉；离开的时候，他心情舒畅，精神焕发。这种分散情绪的方法往往能将不良情绪控制住。

对于一个领导者来说，如果想开创自己的一份事业，就要做到喜怒不形于色。只有这样，才会给员工留下沉着、有魄力、处变不惊的印象，从而赢得员工的拥戴。"骤然临之而不惊，无故加之而不怒"，是领导者必备的修养。

3. 要具有处变不惊的气度

在哈佛，最引人注目的是它的100多座图书馆，和从其中走出的一个个像图书馆一样有着丰富学识的人。哈佛或者哈佛人都不需要包装，但他们却有着不可撼动的强大。正如一个强者，他的强大并非表现在外表，而是在内心，拥有沉稳、坚定的力量才是真正的强大。

领导者是一个组织的主心骨，他的言行举止对组织成员的精神状态和整体状况都有着深刻的影响，尤其是碰到危机事件和突发事故。所以，当危机降临时，领导者要冷静分析，从容应对，指挥若定，这样方可化险为夷。否则不待危机发生作用，已经是一败涂地了。

2001年发生在美国的"9·11"事件，至今说来仍令人心有余悸。当天，两架飞机被恐怖分子劫持，撞向美国纽约市世贸大厦时，时任纽约市长的朱利安尼正在城市另一端的半岛饭店参加一个会议。他一听到这个惊人的消息，立即取消了所有活动，第一时间赶往世贸大厦，加入临时指挥中心，并亲自到现场协助消防人员指挥人群撤离。

距离第一架飞机撞上世贸中心北塔两个小时六分钟后，朱利安尼通过纽约第一新闻台向纽约市民发表了现场讲话。之后，朱利安尼召开记者招待会，向大家通报政府的营救行动，详细讲述整个行动计划，并向所有市民保证：现在整个城市已经安全了。通过记者招待会，朱利安尼把所有人的注意力集中起来，以保证所有人朝着一个方向前进。

第二天一大早，朱利安尼呼吁纽约市民"做你该做的事情，显示你并不害怕"。他还以身作则，不断出现在城市的各个地方，通过媒体不断告诉市民自己的行踪，并定时到世贸中心察看。每隔几小时他就对公众发表一次讲话，内容包括事故现场清理的情况，避难所和献血站的所在地，等等。

为了巩固这种秩序正常的印象，新闻发布会的会场被布置成市政大厅的样子。每一次讲话，朱利安尼都强调秩序正常的重要性，鼓励市民恢复原来的生活。

危机可以毁灭人，也可以造就人。在危机事件出现时，领导者要头脑清醒、不乱方寸，危急时刻更显英雄本色。

股神巴菲特认为，由于股票市场的发展是不理性的，所以如果遇到什么突发事件，一定要临危不惧，冷静对待，千万要避免因为惊慌失措而导致错误决策。所以，在2001年9月11日，美国发生"9·11"恐怖袭击事件后，巴菲特为了尽快消除恐怖袭击给大家带来的不安，当天下午，他就邀请一些知名人士出去打高尔夫球，让大家放松一下心情。面对股神此举，不得不感叹其处变不惊的气度。

实际上，要做到这一点却是不容易的。必须对一件事情的前因后果、来龙去脉都了然于心，这样，事到临头，会出现什么样的情形都在预料之中，何惊之有？再者，如果有事，就总结经验，采取补救措施，预测并为未来之事做好准备。

中国有句话叫"心有惊雷而面如平湖"，说的正是这种"处变不惊"的领导才能。事情越难办越复杂，越能检验领导者冷静应对的能力。心理素质过硬的领导者，往往能处变不惊、沉着应对；心理素质不好的人，则可能面容失色、方寸大乱。

在安利，员工们都喜欢亲切地称老板郑李锦芬为"郑太"，这不仅是出于对这位永远优雅端庄的女老板的由衷敬慕，更有对她"处事不乱，处变不惊"气度的深深折服。

"我挺自豪的一点就是自己临危不乱的能力"，郑李锦芬谈到自己职业生涯中印象最深刻的事，便是国内颁布传销禁令。"这可以说是安利进入中国市场后面临的一次生死考验，我给自己定下的原则是'不慌、不乱、不离、不弃'。"正是因为有着临危不惧、迎难而上的胆识与手段，才使得安利渡过难关，并且迈上了一个新的台阶。

"危机"之所以称为危机，是因为它会对我们正在进行的事情产生负面的影响。我们要做的就是尽量降低这种负面影响。对于企业掌舵人来说，在危机和变化来临的关键时刻，为企业定一个基调是非常重要的。

古罗马哲学家塞内加说："我们应该对什么都不感到意外。我们的思想应该事先准备迎接所有的问题，我们应该考虑的不是惯常发生的事，而是有可能

发生的事。"作为一个企业领导者,不妨学做一个淡定的人,在关键时刻,以不变应万变,这是高情商的表现。

4. 冷静应对下属的顶撞

哈佛是一所真正意义上的"宽容大学",它容忍着来自世界各地最尖刻的批评,并且对这些批评给予鼓励,以至于有人说,谁批评了哈佛,谁就会被哈佛请进学校、请上讲台。管理学家史坦勒博士,就是因为激烈地批评哈佛企业管理教育的弊端而被哈佛聘任为教授的。

相信生活中能平静面对他人严厉的批评,并欣然接受这些批评的人寥寥无几。这不是说我们心眼小,而是我们通常欠缺这种处事泰然的态度与能力。

对于领导者来说,工作中难免会遇到与自己顶撞的下属,有的领导者对此会作出十分愤怒的反应,以暴制暴,而有的领导者就能平和面对,以柔克刚。

有一天,IBM公司总裁小沃森正在办公室里看文件,只见一个中年男人强行闯了进来,并不顾形象地大声嚷嚷着:"我的工作只是一份闲差,我的前途一片灰暗,这太过分了!我要辞职,我一刻也不想待下去了!"

这个男人叫博肯斯托克,是前不久去世的公司二把手柯克的好朋友。而众所周知,柯克和小沃森一向是死对头,柯克一死,所有人都认为博肯斯托克肯定要遭殃了,就连博肯斯托克本人也这样认为。于是博肯斯托克索性破罐子破摔,就算要辞职,临走之前也要跟小沃森大闹一场,让他也不好过。

但脾气向来暴躁的小沃森在此时却表现出了令人意外的平静,不仅没有发火，反倒笑脸相迎。他对正处在气头上的博肯斯托克说："只要你有真本事，能在柯克手下干得很好，那么我相信，你在我和我父亲手下也照样能够成功。但如果你觉得我对你不公平，你可以离开；若不是这样，就请你留下来，因为这里需要你，而且，这里也有你发展的机遇。"

面对这样冷静宽容的小沃森，博肯斯托克暴怒的情绪渐渐平息下来，经过一番考虑，他选择继续留在IBM。他与小沃森一同努力，使得IBM在后来的困境中渡过难关，走向辉煌。

工作中难免遇到与自己顶撞的下属，如何处理好与他们的关系的确是一门学问，处理得欠妥当，则很容易造成双方的关系闹僵，甚至激化矛盾，从而影响工作。如果领导者讲究策略，则可以妥善地处理好其中的关系，从而赢得下属的信任与支持。

一般来讲，下属顶撞领导者时，往往心情激动，精神紧张，甚至失去理智，不能自制，因而声音较大，言辞过激。有的领导者面对这种情况往往勃然大怒，继而与之针锋相对，毫不相让，最后是一浪高过一浪，造成恶劣的影响。

那么，身为领导者该如何应对下属顶撞这一难题呢？其实不难，以下建议仅供参考。

（1）分析对方顶撞自己的原因

下属出现过激行为，与领导者发生冲撞的原因有很多，化繁为简无外乎两种，即领导者自身原因与下属本人的原因。对于前者，比如，领导者在工作中的言行举止可能不经意间伤害了下属的自尊心，在某个具体工作中引起下属的误解，等等；而下属本人的原因，有的是因其性格问题，容易大喜大悲，有的是由于其能言善辩，有的则是由于其没事找事，等等。

但无论是哪种原因，领导者首先要做的就是冷静，不要与其发生正面冲突,不妨先听对方将一系列激烈言辞说完,多做换位思考,再与其详细分析其中出现的问题。

(2)领导者要敢于面对问题,有效解决

如果顶撞者的意见有可取之处,被顶撞后领导者应当以宽广的胸怀和诚恳的态度主动接受其意见,切不可明知自己不对,还装出一副正确的样子,盛气凌人,根本不把下属的意见当作一回事。

当然,如果顶撞者的意见是错误的,被顶撞的领导者也不能因为自己的意见正确就任意地训斥人,而是要针对顶撞者错误的地方,晓之以理、动之以情,耐心地说服和解释,让他心悦诚服。

(3)提醒下属这种冲撞行为的不妥之处

正所谓"过度宽容就是纵容",面对下属的冲突,领导者能够采取宽和的方式予以解决,若是下属通情达理还好,也许以后会谨言慎行,但有的下属却得寸进尺,变本加厉,动不动就来耀武扬威……对于这样的下属,一定要给予提醒,使他转变认识,提高觉悟,下不为例,如若不然,定要严格处理。

总之,与下属和平相处也是一门艺术,领导者只有掌握了它,才能在处理企业大小事务中游刃有余,更进一步。

5. 征询他人意见前先思考,但不要先讲

比尔·盖茨18岁考入哈佛,后来从哈佛退学,与好友保罗·艾伦一起创办了微软公司。比尔·盖茨在一次访谈中曾表示:"公司可以想出一些主意让员工自己寻找更好的办事方法,而绝不应该命令说'你必须选择这样的过程''你必须这么做''这肯定行不通'。"

在就某个问题征询他人意见前,有的领导者飞扬跋扈,一副高高在上不可

一世的样子,结果让双向的"商讨"变成了单向的"命令";而有的领导者,则会先倾听对方的意见,而尽量让自己少说,并将时间用在思考上面,最终愉快地解决问题。

美国西部著名阿摩尔公司总裁海瑞斯,有一回面试一个年轻人。他开口就说:"年轻人,我不管你之前做过什么工作,但你在我这里开展工作前必须接受为期一个月的职前训练。"

年轻人面露难色:"但是,先生……"

"没有什么但是。"海瑞斯打断他的话,"从明天起,你的周薪是17美元31美分,你的食宿与旅费公司会提供。"

海瑞斯的口吻不容置疑,显示出他认真工作时的非凡魄力。

但是这个年轻人却拒绝了,虽然这样的薪金对他而言已经是相当不错的待遇。他说:"对不起,先生,我想我还是另寻他处比较好。"

海瑞斯很不解,他思索片刻,说:"年轻人,知道吗,通常在我公司的求职者只能按我的旨意行事。但这次我破例,愿意先听一下你的意见,请坐下来吧,让我听听你的想法。"

年轻人不紧不慢地陈述了自己不满的原因,他认为,一个月的职前训练不符合自己的工作风格,他希望能立即投入工作,不想耽误一分钟。

海瑞斯听完他的解释,反复考虑了很久,最后终于拿起笔,认真写下一行字:戴尔·卡耐基,南达克达区西部。海瑞斯满足了这个年轻人的要求。

没错,这个年轻人就是那个后来成为最伟大的成功学大师的戴尔·卡耐基。而海瑞斯也正是通过这件事情意识到,在与别人进行谈话时,不妨先听听对方的想法,而不是自己争着先讲。

有许多人喜欢先发制人，认为不管什么事情只要自己先开了口就是占了上风。其实不然，就像有句话说得好：你有你的规则，我有我的选择。你自以为用自己的非凡魄力能压住别人，迫使对方接受你的安排，其实，很多时候，别人可以选择弃权，从而化被动为主动。

通常，一个沉稳而能自持的领导者，在与人谈判和沟通的时候，会将自己的话留到后面讲。因为他知道，一时的优势绝对不是定局。先听后说起码有三个好处：让别人先讲话，是一种尊敬；先讲话的人，一定会有破绽和漏洞；别人讲话的时候，你可以有充足的时间淡定地准备自己的答案。

这样看来，先边听边思考，然后针对竞争对手暴露出来的问题予以还击，这样你的胜算就会大大增加。

有人推崇一种"大智若愚"型的艺术——望文生义就是在商业活动中多听、少说甚至不说，显示出一种"迟钝"。其实这样做的目的是为了获得最大的利益。少开口不做无谓的争论，对方就无法了解你的真实想法；反之，你可以探测对方的动机，逐步掌握主动权。这时候的沉默，实际是"火力侦察"。

而在与员工的沟通中，领导者也要多让他们说话，也就是说要多倾听员工的意见。阿里森是美国最杰出的一家建筑设计公司的董事长，他曾说："如果你想在建筑界获得成功，你就必须把指头放在员工的脉搏上，同时把两只耳朵张开，仔细聆听大家的意见才行。因为真正设计楼宇的不是我，而是我的员工，我只是仔细聆听员工的意见而已。大家提议如何设计最完美，我只是在一旁肯定。这样不仅可以快速地完成自己的使命，更重要的是激活了员工。"

许多人之所以给人印象糟糕，就是因为他们不能耐心地做一个好听众。对于每一位领导者来说，你付出了时间和精力，认真地听别人诉说，能让员工感到自己的价值、你对他的重视和感兴趣程度，对方甚至会对你心生感激。因此，应尽可能地听取员工的建议，了解员工真实的想法，使员工由消极转向积极，以便让公司制定的措施更加可行。

另外，在倾听结束之前，不要轻易发表自己的意见。因为如果你还没有完全理解员工内心的想法就妄下结论，势必会影响员工的情绪，使其对你产生抱怨，一场原本可以愉快结束的谈话只能不欢而散。

总之，领导力并不是仅靠地位、职权、魅力获得，还要掌握沟通的技巧。当一个领导者学会用"倾听"来找到与他人沟通的方法，那么他也就在此间掌握了主动权。

6. 在特定的场合要保持必要的深沉

Ambady 是哈佛的著名教授，他曾经做过一个非常有趣的实验——让两组学生分别评估几位教授的授课质量。

具体的评估过程是这样进行的：Ambady 把几位教授的讲课录像带先无声地放几秒钟给其中一组学生看，然后得出一份评估结果；接着，拿出已经听过这几位教授几个月讲课的另一组学生的评估结果，将二者进行对比。

结果发现，这两个小组的结论竟然惊人地相似。于是 Ambady 通过这个实验得出一个结论：在表达自己思想的过程中，非语言表达方式和语言同样重要，有时作用甚至更加明显。

作为一名领导者，一旦在群众中形成了影响力，就自然会在群众中产生出感召力、凝聚力。因此，领导者的思想感情不能轻易外露，并且要在某些特定场合下学会用"深沉"这一武器来立威造势。这对维护领导者尊严，有效地统御下属，有着只可意会不可言传的强大功效。

在特定的环境中，缄默常常比理论更有说服力，更能充分地表示出我们的意向和观点。一位成功的领导者，绝对不会经常唠唠叨叨，而是会适当地保持沉默，以深沉之态示人。正如圣西蒙所说："没有人像他那样精于抬高自己的语言、微笑，甚至一抹眼神的价值。他身上的所有东西都显得十分珍贵，因为他创造了差异。他的威严也因为少言寡语而大大提高。"

美国艺术家安迪·沃霍尔认为，"当你闭上嘴的时候，实际上你才更有力量。"沃霍尔晚年的时候，就是用这一策略使自己大获成功。比如面对记者采访时，他的话总是含混不清、模棱两可，而采访者却如获至宝，总会绞尽脑汁想象他的这些看似毫无意义的话背后，很可能隐含着的深奥寓意。另外，沃霍尔极少谈论自己的作品，而是将理解的空间留给别人。正如另一位20世纪的艺术家马歇尔·杜尚普说的那样，"对自己的作品说得越少，就会有越多的人谈论它；他们谈论得越起劲，你的作品就越值钱"。

将这种深沉的艺术放在领导者身上，他说得越少，也就自然而然地看起来显得更伟大和更有权势，就越有深沉和神秘的魅力。同时，他说得越少，说蠢话或危险话的风险就越小。尤其是和员工在一起的时候，保持一定的深沉感是非常必要的。那么，一个领导者该如何做到这一点呢？

（1）在员工面前要适当表现自己的身份

在办公室里，别人应该一眼就能瞧出，谁是员工，谁是领导者。如果你不能表现出这一点，甚至给人的印象可能正好相反，那么，毋庸置疑，你这个领导者就是失败的。

与员工保持一定的距离，即使是活泼、外向的员工也不至于会随意拍你的肩膀，或跟你肆意开玩笑。他在你面前会小心谨慎，会看你的脸色行事，这样的领导者才是真正的有魄力。

（2）领导者要注意自己的讲话方式

在办公室里跟员工讲话，身为领导者一般要亲切自然，避免员工过于紧张，以便更好地让对方领会自己的意思。但是，如果要在公开场合讲话，譬如面对许多员工演讲、作报告，要威严有震慑力，一是一，二是二，坚决果断，切忌含混不清。

另外，和员工交谈时，即使员工一方处于主动，领导者听取对方谈话，也切忌唯唯诺诺，被对方左右。如果对方意见与自己意见相左，可以明确给予否定，但如果意识到员工意见确是对公司对自己有利的，也不要急于表态，这样的深沉表现是十分必要的。

（3）多思考少说话

如果一个领导者常以"让我仔细考虑一下"或"容我们研究、商量一下"来结束与员工之间的谈话，这样的语言表述，会让员工产生一种成就感，同时这也在无形中增加了领导者的权威，总比草率决定好。

（4）其他需要注意的细节

行为是无声的语言，每一个细节，都是向员工传达领导者的一份信息。比如，你是将办公室的门敞开还是紧闭，你如何与员工打招呼，你如何接听电话、回复来信等，每一个细节都会映入员工的脑中，他们会根据每一个较小的事情来判断你的能力。

总而言之，领导者的"深沉"不是一时装出来的，而是在平时的为人处世中逐渐积累起来的一种外在的气质与涵养。由此，领导者在日常生活中就要注意自己的言行举止，以便在某些场合中轻松表现出"深沉"姿态。

7.重要的决定可以隔夜再发布

哈佛管理学教授德鲁克，经过对美国和日本领导者的一系列详细调查，发现一个现象：美国领导者作出决定往往果断而迅速。这似乎是好事，但结果很让人吃惊，因为这些决定很少能够得到下属的真正支持，因此，很多看似比较好的决策却以失败而告终。

相较于美国，日本领导者决策的出炉则要慢得多。然而，一旦他们作出决策，整个组织都会全身心投入，支持力度要比他们的美国同行大得多。因此，在与日本人谈判时，美国领导者常常备感沮丧。

二者的差异为什么会这么明显呢？德鲁克发现，日本人采取禀议制，所有重大决策都需经过全公司管理人员的审核和评议。这可能需要来回地反馈和修订，耗时数月。然而，禀议制所达成的共识会得到各级领导者的全力支持和承诺，因为他们在决策时感受到了主人翁精神。但是在美国，大都由某个或是某几个领导者拍板决定，却不顾及其他领导者与员工的想法与感受，因而导致决策的执行失败。

西方决策理论学派的代表人物赫伯特·西蒙认为，管理就是决策，决策是管理的核心。从理论上来说，一个谨慎的决策应该是基于某种模型或机制，因此有很多管理学者撰文呼吁，领导者不能过度相信自己的直觉，更要避免决策个人化现象，因为"草莽英雄"所带领的团队注定不会成功。

决策不当，会给单位和个人造成难以挽回的损失。美国兰德公司一项调查表明，世界上每100家破产倒闭的大企业中，有85家是因为企业管理者的决策不慎造成的。可见冷静决策对领导者之重要。

当面对问题的发生，尤其是比较严重的问题，需要作出一个相当重要的决定时，沉稳的领导者不会马上就行动，而是会尽量先跟别人磋商。另外，他不会立即发布，而是会将发布时间适当地推后，因为他知道，就算只是隔了一夜，很可能一觉醒来，就又有了一个全新的想法。

一位公司的董事长想把公司的总经理撤职，原因是这位总经理的一个决策的失误使得公司遭受了巨大损失。董事长把人事命令签好后摆在他的抽屉里，准备第二天公布。但第二天早晨起来，他重新面对那一纸决策时，忽然想到，虽然总经理这次犯的错误不轻，却也没有严重到非要开除他的地步，如果真把他赶走，公司就少了一个优秀人才。

于是，这位董事长就毫不犹豫地把它撕掉了。直到现在，公司都没有人知道，他曾经动过要开除这位总经理的念头。

领导者的每一项决定都多多少少会对企业的运营乃至民心有着不小的影响，当大家的眼光都聚集在你身上、等你发号施令时，你所感觉到的不能仅仅是得意，而更应该了解到你的责任有多大，怎样拿主意才会顾全大局。

了解一个人、了解一件事都需要时间，尤其是在特殊背景之下，在自认为没有了解之前，不要急着作出判断与决定，顺其自然，仔细观察，会得到意想不到的收获。

由此，作为企业的领导者，做事情或者下定论不要太武断或者太仓促，多方位地思考可能会让这件事解决得更完美。要学会换位思维，特别是在遇到麻烦的时候，要学会等一等、靠一靠，很多时候不但麻烦化解了，说不准好运也来了。

8.永远不疾不徐，娓娓道来

2008年，美国总统大选进入白热化阶段，毕业于哈佛法学院的奥巴马在与诸多竞争对手的角逐过程中，展现出来的个人风度与魅力为他赢得了不少好评。比如，在电视辩论中，奥巴马与麦凯恩的表现形成了鲜明对比：麦凯恩显得有些焦躁不安，且咄咄逼人，急于进行个人攻击；而奥巴马则表现得沉稳冷静，整个人显得不温不火、气定神闲，话题则多围绕经济与民生。

《华盛顿邮报》在当时发表的题为"支持奥巴马为总统"的长篇

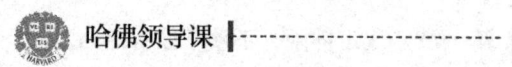

社论中写道:"在过去几周里,其实也是过去两年来,他的不焦不躁,留给我们的印象,正是在一个极不稳定的时代,美国人民所期望于他们总统的……"

或许是奥巴马的性格使然,他就算在提出诸如改革、新政策之类的问题时仍是不疾不徐,像是在与对方谈论一项报告那样娓娓道来。在他看来,问题既然已经摆在那里了,我们就要动手解决它。而且,他提出的建议往往细致、切实,而非艰深、空泛。

美国总统威尔逊曾赞赏似的跟人说:"赫斯将军不光打仗厉害,语言能力也相当了不得。他常把我原先的意志搅混,让我不得不考虑他的想法。"对此,赫斯解释说:"我改变对方意志的妙诀,就是把新的意志在不知不觉中注入他的脑海中,让他在不知不觉中感兴趣。"

这个方法是值得我们效法的。但是,进行这种说服行动的环境,必须是在不知不觉的情况下。这样一来,虽然看似对方在跟你辩论,但已在无形中屈服于你的理论。

许多领导者常常因为激动,把平心静气的讨论变成了怒目相向,致使与工作伙伴反目成仇,事后想起又后悔不迭,却在很多时候已经于事无补,实在可惜。心平气和,这是领导者应该把握的秘诀。成功的领导者,常在暗中改变他人的意见,而绝不与人面红耳赤地大声争辩,因为,这样做的结果除了把局面搞乱,没有任何用途。

语言是交流的工具,领导者要善于在适当的时机用精当的语言来表达自己。领导者话不在多,而在于说到点子上去,把问题讲清楚。有的领导者的会议发言,从国际形势讲到国内形势,从国内的政治形势、经济形势讲到自己单位的形势,啰唆了半天,也不知道他要说些什么。

还有些领导者生就一张"婆婆嘴",这往往是思维简单化的表现,性急浮躁，有一点点不满意就唠唠叨叨，让下属无所适从，严重影响了下属的工作积极性。

一个真正合格的领导者应该是谈吐文雅严谨，言语入情入理，娓娓道来；而那些谈吐俗陋粗鲁的领导者，不注意维护下属的自尊心，常常会造成上下级之间的隔阂和矛盾。

理智的人无论在什么时候，都会很好地控制住自己即将表现出的过分慌张、愤怒、冲动等不良情绪，他的这种超然的心态以及表现出的不疾不徐的行为，会让他的人格更加有魅力，从而会收到众多的好感与尊重。

拥有一种理性平和的心理素质对于每个人来说，都是一种优势。无论是对学习还是工作来说，这类人都更容易获得成就。一个有着理智头脑、遇事能从容应对，而非方寸大乱、说不出个一二来的人，更能赢得他人的尊敬。因为在大家看来，这样的人才是真正干大事的人，不管遇到什么事，他都能给大家一个交代。

第二章

韧性十足，扛住压力才能经得起考验

1. 该做的事，顶着压力也要干

哈佛学生的学习压力来自学校的淘汰机制，也来自他们要在未来承担重要责任的使命感。在哈佛不仅学生有压力，老师一样有压力。在哈佛，老师每年讲课的内容都要跟上前沿科学的发展变化，他不但要是一个学者，更要能够享受挑战和创新的乐趣。

纪伯伦说过："一颗珍珠是痛苦围绕着一粒沙子所营造起来的神殿。"每个人的成功都要经历从一粒沙子到一颗珍珠那样艰难痛苦的过程，有的人能顶住压力坚持下来，最终通过残酷考验，磨砺出了属于自己的光彩；而有的人就没能熬过这道坎，逃脱不过依然是沙子的命运。

该做的事，顶着压力也要干，这是每个想要成功之人的必经之路。也有人不禁要问：何为该做的事呢？很简单，就拿个人来说，即是你发自内心想要完成的事业。

意大利著名无线电报通信的创始人马可尼，在年轻时就已经在家成功地完成了无线电传递实验，尽管在父亲看来这种无谓的实验只是在浪费时间而已，但是这依然不能改变马可尼对无线电的由衷热爱。在经过数年的辛苦努力后，他终于成功了。

然而，成功后的马可尼却面临着更严峻的考验。他不仅受到了来自社会各界很多严厉的反对和攻击，而且有很多人写信给他，责备甚至警告他不应该发明无线电，因为在他们看来，电波要经过他们的身体，会毁坏他们的神经。

更离谱的是，有个外国人写威胁信给他，声称为了保障人类的安全，决意要刺死他。马可尼意识到事态的严重性，于是就报了案。幸亏政府保护得力，拒绝此人入境，他才算避过一难。

就是在这样骇人的压力之下，马可尼勇敢地挺了过来，并用时间证明了自己的正确性——时至今日，还有谁能有足够的理由来反对这位给我们的生活带来极大便利的伟人呢？

牛顿说："如果你问一个善于溜冰的人怎样获得成功，他会告诉你说，跌倒了爬起来，这就是成功。"压力与挫折的存在只是为了考验我们的意志，只要我们坚定心中的信念，也许就在你转身的下一刻，奇迹就会发生。

对于领导者来说，这种意志力则显得更加宝贵，而且是不可或缺。领导者不只是只享受风光的那个人，还是压力最大的那个人，当企业的发展陷入瓶颈甚至困境中时，领导者要做的不是退避三舍，更不是推卸责任，而是身先士卒，扛住压力也要坚持到底。

在某种程度上，危机也等于危险加机会，如果利用得好，说不定还能使企业转危为安。

19世纪末,芝加哥发生大火的隔天清晨,一群商人站在州立大街上,看着自己的店铺在一夜之间变成仍在冒烟的断壁残垣,决定召开紧急会议,商讨究竟该尝试重建还是离开芝加哥另寻出路。商议的结果,除了一个人之外,几乎其他所有与会商人都决定搬走。

这个决定留下来的商人,指着他被烧毁的店铺说:"各位,就从这里开始,我要盖全世界最大的商城,不管遭受几次火灾。"就这样,50年后,这座马歇尔商城不仅建立了起来,而且逐渐根基稳定并且市场繁盛。这个高耸的建筑,堪称"热切渴望"之伟大心态的纪念碑;而这个决定留下来的商人,就是鼎鼎有名的马歇尔·菲尔德。

或许当初对菲尔德而言,与其他商家一同搬走也是比较容易的,但他却坚定了这一信念:留下来,重建这里,才是最应该做的事。

每一项决断都是一次选择,选择了所领导的组织的命运。德鲁克在《卓有成效的管理者》一书中写道:"管理者必须经常在实际上不肯定的条件下用肯定的预感发言,缺乏这种品质就会产生严重后果。"因此,作为领导者,要认准你该做的事,不管再大压力都要坚持下去,如此才不辜负自己的初衷与他人的期望。

2.面对困难不逃避、不退缩

毕业于美国哈佛商学院的新东方教育科技集团执行总裁陈向东,在某高校迎新会上演讲时鼓励学生们:"要踏踏实实地过好四年中的每一天……发掘自身的潜力和兴趣。遇到困难时不逃避、不退缩,面对它、战胜它;成功时也要尽情享受生活的回报,别忘了与你身边的人共同分享。"

第二章 韧性十足，扛住压力才能经得起考验

卡耐基认为，生活中大部分的快乐并不是来自享受，而是来自胜利，而这种胜利多来自一种成就感。有的人面临困难时望而却步、落荒而逃，结果注定成不了大气候；而有的人则能迎难而上，并把它当作是一种突破自我、锻炼自我的机会，结果不言而喻，他们往往能够冲出重围，走向成功。

琼斯自年幼之时便立志要做一位伟大的制片人，然而，在他刚出道时就遭遇了惨痛的打击——因为独立制作的电影没有通过审核，他背上了几百万美元的债务。

琼斯的人生一下子走到了低谷，好朋友开导他说："没关系，要是你愿意，我们可以为农场主打工，说不定哪天就能捡到一块大金砖！"

琼斯被好友的乐观、洒脱所感染，原本非常失落的情绪、暴躁的脾气也开始变得平和。他知道，现在最要紧的是要有足够的耐心去应付眼前的烂摊子，不能逃避，也不能退缩。

之后，琼斯借钱成立了一家小公司。但不幸的是，公司接连遭遇危机，有两次差点倒闭，他曾几次裁员，甚至连支柱式的人员都被他裁掉过。但琼斯深知自己的处境，除了硬着头皮迎难而上别无选择。于是，他稳住人心，顶着无数压力带领团队有条不紊地前行。

二十多年过去了，琼斯成了美国影视界的著名制片商。

通常，人一旦遭受打击，萎靡不振是最常见的精神状态，自暴自弃也屡见不鲜，很少有人能有足够的耐心坚持下来，在绝望中点亮希望，等待机遇的降临，而后伺机雄起。但你要知道，能坚持到最后的那个人，才是最大的赢家。

当生命处于低谷的时候，体内沉睡的潜能最容易被激发出来。作为一个众

望所归的领导者，我们的一举一动牵着诸多人的心，所以更需要有足够的耐心；鼓足勇气，直面困难，带领大家一同迎来危机之后的转机。

谁的人生都不可能永远一帆风顺，总会遇到这样那样的困境。自暴自弃者的名字将永远被人所遗弃，唯有在遭受重创后仍坚持面对不退缩的人，才有东山再起的可能，也才能登上更高的山峰。

艾柯卡从21岁时就开始到福特公司工作了，当时他的职位是见习工程师。由于他在工作上一直十分努力，很得上级器重，最后他终于爬上福特公司总经理的位置。然而，命运却跟他开了个不小的玩笑，他在1978年被妒火中烧的老板亨利·福特二世开除了。

一夜之间，艾柯卡如同从云端重重落下，就连昔日要好的同事与朋友也都对他避之不及。这可以说是他生命中最严重的一次打击。就在艾柯卡觉得自己要完蛋了的时候，一则招聘启事又点燃了他心中未灭的希望火种。他应聘到濒临破产的克莱斯勒公司出任总经理一职。

之后，凭借着过人的智慧、胆识和魄力，他大刀阔斧地对克莱斯勒公司进行整顿与改革，同时向政府求援、舌战国会议员，取得了巨额贷款，重振了企业的雄风。

"艰苦的日子一旦来临，你除了做个深呼吸，并且咬紧牙关、继续奋斗之外，实在别无选择。"艾柯卡曾经如此说道。所以在人生最艰难的时刻，他没有被困难打倒，反而接受全新的挑战。

真正的失败是遭到重创后自暴自弃，未能及时从中汲取有用的经验。能否取得成功重要的是面对失败的态度，从挫折中吸取教训，才有可能反败为胜。

一个人的人生究竟最终会如何，完全取决于怎样对待。世上那么多成功的政治家、企业家、科学家以及其他方面的成功人士，他们也和我们一样，都曾经面对过人生的逆境。但是他们没有被逆境时候悲惨的生活所吓倒,他们始终微笑面对,最终凭借着不断的努力,取得了最后的成功。比如,世界上最伟大的推销员乔·吉拉德就是如此,在35岁的时候他依然不能养活自己的妻子儿女,但是他没有放弃,最终在汽车销售领域取得了巨大的成就。

逆境是一记警钟,它叫醒了迷茫者;逆境是一块试金石,它淘汰了弱者;逆境也是一个课堂,它教会了强者如何成长。志向高远的领导者面对逆境时不该沮丧与彷徨,而应报以从容的微笑。

3. 不要为小事而忧愁

著名的哈佛心理学教授泰勒·本·沙哈尔,他的心理课曾一度风靡世界各地。而泰勒本人却从来不觉得自己有资格摆出一副先知的姿态来教导人生,他想邀请尽可能多的人一起加入对快乐的追寻。

泰勒曾说:"也许我在课上传达的道理,你以后都会懂,但我不希望你到七老八十了,才恍然顿悟什么对自己最重要,却已经没有机会去弥补了。如果你在年轻时就明白这些道理,也许一切会好得多。"

从泰勒教授的话里我们可以得到这样一个讯息:人生苦短,永远不要为小事而忧愁。

日常生活中,我们通常都能很勇敢地面对生活中的重大危机,可是往往会被那些小事情搞得焦头烂额。早在2000多年前,雅典政治家伯里克利斯就向世人发出这样的警告:"亲爱的伙伴们,我们太过于纠缠小事了!"也许,果真到了生死关头,回想起当初经历,我们才会恍然醒悟,曾经纠缠过的那些小事在眼下看来多么滑稽且可笑!

1945年3月,时值第二次世界大战期间,美国人罗勒·摩尔和另外87位战友在潜艇上航行。当他们的雷达发现一支日本舰队开来时,就立刻将攻击目标对准了其中的一艘驱逐舰,并紧接着向它发射了三枚鱼雷。

很快,日本舰队中的一艘布雷舰也发现了他们。摩尔与战友们立刻潜到150英尺深的地方。3分钟之后,6枚深水炸弹在四周炸开,顿时天崩地裂,他们也被迫继续下潜。

深水炸弹仍旧不停地投下,这种惊险混乱的场面整整持续了15个小时。其中,有十几枚炸弹就在离他们50英尺左右的地方爆炸!摩尔与战友们奉命静躺在自己的床上,保持镇定。他吓得不知如何呼吸,虽然潜水艇内的温度达到40多摄氏度,可是他却怕得全身发冷,虚汗直流。

在这惊心动魄的十多个小时中,过去的生活渐次浮现在摩尔的眼前,那些曾经让他烦恼的无聊小事更是记得特别清晰:没钱买房子,汽车也买不起,甚至连给妻子买档次高一些的衣服都要再三算计,还有为了点芝麻小事和妻子吵架,也为额头上的一个小疤发过愁……可是,这些曾令他无比发愁的事,在此刻却显得那么荒谬、渺小。他暗自发誓:如果我能活下来的话,我再也不会为这些小事忧愁了!

事后,他如愿活了下来。摩尔说,他在潜艇里那可怕的15小时里所学到的,比在大学读了四年书所学到的东西要多得多。

不要为小事忧愁,这确是一个经过大灾大难的人的感悟。当自己处于危难的时候,当自己面临死亡的边缘时,才会觉得人的一生是多么不易,也才会感觉平时那许多小事真的不值得忧愁。

我们不会被大石头绊倒,却会因为小石子摔倒。使我们不快乐的,常是一些芝麻小事。这些小事让我们失去快乐、变得郁闷,失去前进的动力。

法国作家莫鲁瓦曾经说过:"我们常常为一些不令人注意、因而也是应当迅速忘掉的微不足道的小事所干扰而失去理智。我们生活在这个世界上只有几十个年头,然而我们却为纠缠无聊琐事而白白浪费了许多宝贵的时光。时过境迁之后,又有谁还会对这些琐事感兴趣呢?不,我们不能这样生活。我们应当把我们的生命贡献给有价值的事业和崇高的感情,只有这种事业和感情才会为后人一代代继承下去。要知道,为小事而生气的人的生命是短暂的。"

由此,那些还在为生活、工作中的小事发愁的人,还是把这些无伤大雅或是无关紧要的小事统统搁置一边吧,不为它们所纠缠。当我们将时间与精力放在我们感兴趣或者该做的事情上,便会收获到更多意想不到的惊喜与快乐。

4. 有一点韧劲,再大的浪也有打不翻的船

在一次中美高校共同举办的"美国顶级名校申请说明会"上,哈佛面试官Manny向现场许多学生和家长传授了哈佛的录取"标准":杰出、优秀、聪明、有善心、乐于奉献。Manny还特别表示,哈佛喜欢能改变环境、改变世界的学生,喜欢面对逆境有着坚韧不拔毅力的学生。

一个有韧劲的人,无论走到哪里都是积极上进者的朋友,悲观懒惰者的天敌。正像再大的浪也有打不翻的船一样,再大的困难也有打不倒的人,而只有这个人才能笑到最后,接受命运的垂青,成为赢家。

有位出身贫寒的律师,他幼年丧母,父亲是个粗暴没文化的鞋

匠。23岁时，他曾与人合伙做生意，但不幸的是，公司倒闭，债台高筑。

31岁，有人介绍出身富贵的小姐玛丽·托德小姐与他结婚。婚后，他总是深受妻子挑剔，几次欲离家出走。他转而谋求公职，却接连输掉竞选，被嘲笑是"常败将军"。因他常称自己是"世界上最不幸的人"，以至于朋友们生怕他万一想不开而自杀。

但是，经历过种种打击，他却没有消沉颓废。人到中年，他不顾劝告，毅然决定参选美国总统。这次命运之神眷顾了他，他成了美利坚合众国历史上的第十六任总统，这个人就是亚伯拉罕·林肯，国家的保卫者和黑人的解放者。

回望过去的坎坷经历，林肯深有感触地说："我们关心的，不是你是否失败了，而是你对失败能否无怨。"

其实，一个人最光荣的历程，不是永不失败，而是能屡败屡战，越挫越勇。每次跌倒能立刻站起来、每次坠地会像皮球一样跳得更高的人，是无所谓失败的。因此，身处挫折之中，我们就必须以最大的努力去拼搏，要把困难和挫折当作自己的一面镜子，看清自己、认识自己，从而得到进一步的成长。

发明大王爱迪生为了寻找电灯泡灯丝，试验数千种材料，有一次爆炸毁了他的实验室，当人们都劝他放弃的时候，他却又重新投入研究中；法国科幻小说家凡尔纳将被退了15次的书稿寄给第16家出版社，结果获得青睐，他也由此一举成名；桑德斯跑遍美国的每一个角落来推销他的炸鸡秘方，被拒绝1009次，而第1010次推销被接受，让"肯德基"成了世界上有名的快餐连锁店……

人生是场长跑，靠的是耐力，还有韧劲。国外有句谚语说："不要为打翻的牛奶哭泣。"既然失败已成事实，我们要做的就是锲而不舍，卷土重来。这对于领导者来说,更是在创业过程中必不可少的一种素质。

美国百货大王梅西的创业之路可谓是经过了九九八十一难。

梅西于1882年生于波士顿,年轻时出过海,没挣着什么钱,后来开了一间小杂货铺,卖些针线,但铺子很快就倒闭了。

在淘金热席卷美国时,梅西在加利福尼亚开了个小饭馆,本以为供应淘金客膳食是稳赚不赔的买卖,岂料多数淘金者一无所获,什么也买不起。这样一来,小饭馆又倒闭了。

回到马萨诸塞州之后,梅西满怀信心地干起了布匹服装生意,可是这一回他不只是倒闭,而简直是彻底破产,赔了个精光。

不死心的梅西又跑到新英格兰做布匹服装生意。这一回他时来运转了,他把买卖做得风生水起,日进斗金。现在位于曼哈顿中心地区的梅西公司,已经成为世界上最大的百货商店之一。

《十二个以人力胜天的人》一书中曾有这么一段话:"生命中最重要的一件事就是不要把你的收入拿来算作资本,任何一个傻子都会这样做。但真正重要的事是要从你的损失里获利。这就需要有才智才行,而这一点也正是一个聪明人和一个傻子的实在区别。"

在遇到失败时,很多领导者只顾得垂头丧气、怨天怨地,甚至借酒浇愁、逃避现实,却忘记了思考自己为什么失败,忘记了失败也是一种资本——垫起成功高度的资本。而且最可怕的是,他的这种情绪与心态会极大地影响员工。试想,当一个企业领导者整天开口闭口说"完了"的时候,他的下属还会斗志昂扬地全身心投入到工作当中吗?

对于领导者来说,失败并不等于自己是一位失败者、不等于自己比别人差、不等于命运对自己不公、不等于自己一无是处、不等于自己浪费了时间和生命……失败只能说明自己暂时还没有成功。所以，失败了并不要紧，要紧的是总结经验教训，收拾好过去，投入到下一次奋斗中去。

诺贝尔文学奖得主罗曼·罗兰说："累累的创伤，便是生命给予我们的最好的东西，因为在每个创伤上面，都标志着前进的一步。"失败是到达较佳境地的第一步，因此，正在打拼事业的领导者，让我们满怀希望地说一句：失败过了，那成功还会远吗？

5.激发潜在能量，在失败中奋起

霍华德是哈佛商学院的传奇人物，被称为"企业家的精神领袖"。在霍华德40年的执教生涯中，可谓桃李满天下，其中不乏国家领导人，大型企业的CEO以及世界级的商业领袖。在他们看来，霍华德拥有敏锐的心理洞察力，缜密的逻辑思维能力和惊人的商业眼光。

霍华德曾就"失败"这一话题引出了一个关于"转折点"的概念，他说："这个转折点可以改变我们的固定思维方式。它带有的潜在能量一旦被激发出来，将是个人发展的千载难逢的好机会。"霍华德认为，一个人的潜在能量也就是他在某种情境中暗藏着的某种机遇，这种机遇可以刺激我们作出改变从而颠覆过去。

从霍华德的话中不难看出，每个人都是有着潜在能量的。失败不代表一个人的智商不行，而是他的潜能还没被激发出来。当一个人愿意主动从失败中奋起，并谋求更大的发展之路时，也就是他的潜能在逐步地被挖掘的时候。

第二章 韧性十足，扛住压力才能经得起考验

安瑞姆是美国一家大型公司的推销员。一个令他无比烦恼、却令同事们无比窃喜的事实是，他的业绩在公司里是最差的。因此，自从公司传出要裁员的消息，几乎人人都认定安瑞姆肯定会成为黑名单上的第一人。

怀着沉重的心情，安瑞姆回到家，默默地想：我真的会被裁掉吗？如果真的没有了这份工作，我的妻子与孩子吃什么？不，那样的生活太恐怖，我绝对不能被裁下来！

于是安瑞姆坚定地告诉自己：相信自己！我一定不会失去这份工作，拿出斗志来吧！

第二天早晨，他上街理了发，还买了新衣服，精神百倍地投入工作中。从此，他的销售额逐渐递增，打破了裁员名单的预言；一年后，他在公司的业绩竟然从排名最后跻身到前几名；两年后，他成为该公司国内销售部成绩最佳的推销员。

年度大会上，董事长让安瑞姆向在座的各位谈谈成功的秘诀。安瑞姆说："我的改变要归功于那个裁员预言，当时，我意识到自己已经陷入困境，我特别害怕，于是我下决心一定要改变。就是因为我逼自己的那一把，才成就了今天的自己。"

当一个人面临生存危机时，往往能够调动出基因中所有的求生本能。许多人爱给自己泼冷水，自戴"心灵枷锁"，不敢自我超越与突破，使本可以很容易展示的潜能泯灭，从而阻碍了潜能的发挥。

有心理学家指出，一般人的潜能只开发了2%～8%，像爱因斯坦那样伟大的科学家，也只开发了12%左右。一个人如果开发了50%的潜能，就可以背诵400本教科书，可以学完十几所大学的课程，还可以掌握20多种不同国家的语言。这就是说，我们还有90%的潜能处于沉睡状态。

每个人本来是有很多潜能的，但是我们往往会对自己或对别人找借口："管它呢，我已尽力而为了。"事实上，尽力而为是远远不够的，尤其是在这个竞争激烈的年代。因此，谁要想创造奇迹，必须竭尽全力才行，哪怕是失败，也要将某次失败的经历看成是人生的一次转折点，继而在失败中奋起，寻找成功之所在。

埃布尔在洛杉矶一家公司担任高级主管，待遇优厚。但在他45岁的那一年，公司开始裁员，埃布尔失业了。

埃布尔的心情一下子灰暗到了极点，从那以后，他躲在家里不敢出门，因为每当看到忙碌的人们，他都会觉得自己没用。他的脾气也越来越大，妻子和孩子在他面前都不敢大声说话，情况似乎越来越糟糕。

但就在这个时候，一个朋友向他咨询关于销售的问题，而这恰恰是他擅长的东西，这让他忽然来了灵感：为什么自己不注册一家咨询公司呢？他似乎又重新找到了自己的方向：为更多的销售人员提供建议、出谋划策。

三个月后，埃布尔注册了一家自己的咨询公司。经过他的努力，公司很快就开始盈利了。

世界上没有失败，只有暂时的不成功。

局限于自己所看到的和所听到的，却没有勇气尝试一下——这就是许多人总是遇到一点困难就想放弃，从而与成功失之交臂的原因。我们没有透过困难去看它背后解决的方法与解决之后的明朗，眼光只盯着困难本身，被它一时的强势吓昏了头，于是便萌生了"打道回府"的念头，我们本身隐藏的潜能也就再无用武之地了。

你的潜能价值连城，千万不要让它在失败中被贬了值。因此，作为领导者，在你失败的时候，也就是到了该启用潜能的时候了，不要让放弃成为你的人生败笔。

6. 一旦采取行动，就坚持到底

从哈佛走出来的人，或者去过哈佛的人，都会说，哈佛是一座不夜城。因为在哈佛，学生的学习是不分白天和黑夜的，餐厅里、图书馆里、教室里总是有很多学生在看书。那种强烈的学习气氛感染着哈佛的每一位学子。

哈佛人有着坚定的意志，他们一旦采取行动，就一定会坚持到底，在学校学习时是这样，走上社会后也是这样。诸多国际名流都为自己曾经攻读过哈佛而骄傲。

韦尔奇在提到企业管理时，总结了两个必要条件：一是领导者要头脑清醒、意志坚定，有着对自己表达清楚准确的自信；二是组织中有非常明确的价值观，每一个人都能理解事业的目标，每一个环节都能恰当地发挥着作用。的确，领导者应有坚韧不拔的意志，在领导者所具备的素质中，精神和意志是最重要的。作为一名领导者，不仅要有机智的头脑，更要有坚定的信念，只有这样才能在巨大的压力下把事情做好。

威廉·利尔是世界航空业和电子界传奇式的人物，无论做什么事情，只要下了决心，开始了行动，他就一定会坚持到底，并且有着"死也不回头"的拼劲。

当利尔公开宣布他要制造一种新型的喷气式飞机时，立刻遭到了

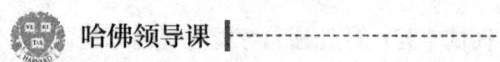

所有航空界专家的鄙视与不屑,在他们看来,利尔是疯了,这种设想只适合想想而已,要制造出来无异于痴人说梦。

但利尔却自我感觉相当良好,他不管这些所谓的专家的冷嘲热讽,仍然放手一搏,大搞特搞,而且预言他的飞机将成为供不应求的畅销品。

制造飞机的时候,利尔先做好了飞机的生产线,而后直接造出了飞机。这种做法给他节省了一大段研制试生产时间,使他的新型飞机能以极快的速度面世,从而获得高额利润。"这样的做法,你不是对极了,就是错极了。"利尔自己说,"而我是对极了。"

于是,利尔坚持到底的结果,正如他事后得意地宣称:"我造出飞机来了;飞机也飞起来了;我也把它卖出去了。"

白手创大业者都必须有坚定的信心,这是他们在危难之中渡过难关的最有力的武器。许多人之所以能够成功,就在于他们能矢志不渝地追求自己的目标,而不管别人如何看待。

成功不是将来才有的,而是从决定去做的那一刻起,持续累积而成。"风物长宜放眼量",人生是一场马拉松,你不能奢望一步到位跑到终点。其间要考验你的耐力和韧性,所有想摆脱这一过程的人,到头来都免不了要受到命运的捉弄。

在我们一筹莫展的时候,要看到"柳暗花明又一村"的希冀。困难不可怕,可怕的是我们在这样不如意的境况下失去了自我,从此变得怯懦,甚至一蹶不振。无数成功之人的切身经验告诉我们,只要你坚持得足够久,总有奇迹发生。

有个年轻人去微软公司应聘,用不太娴熟的英语解释说自己是碰巧路过这里，就贸然进来了，恳请公司给个展示自我的机会。总经理感觉很新鲜，就破例让他一试。面试的结果出人意料，年轻人表现得很糟糕。他对总经理的解释是事先没有准备，总经理以为他不过是找个托词下台阶，就随口应付：等你准备好了再来试吧。

一周后，年轻人再次走进了微软公司的大门，这次他依然没有成功，只是比起第一次来，他的表现要好得多。而总经理给他的回答仍然同上次一样：等你准备好了再来试吧。

就这样，这个年轻人先后5次踏进微软公司的大门，最终被公司录用，成为公司的重点培养对象。

许多人在遭到拒绝的时候，自信心与自尊心受挫，之后便毫不犹豫地选择放弃，结果失去了一次很好的机会；而有的人就能越挫越勇，迎难而上，纵然遭受白眼与冷言冷语的攻击，仍然能坚持自己最初的理想，最终成功逆转情形，迎来胜利的曙光。

领导者需要拥有一个清醒的头脑，而当一个人失去耐心的时候，同时也失去了明智的头脑，就难以清楚地分析事物了。因此，如何克服急躁，保持足够的耐心与坚持的信念，就是做领导者所要必修的一门课程了。

另外，领导者在坚持行动的过程中要时刻保持着进取的热情，以此来感召员工们一同奋发。就如海尔CEO张瑞敏所说的："中国有一句老话'下军尽己之能，中军尽人之力，上军尽人之智'。也就是说，最普通的领导者只是靠你自己的能力，那么中等的领导者呢是发挥大家的能力，最上等、最高明的领导者是用激情触发每个人的智慧。"

综观那些成功的创业者，无一不是在激情的支配和鼓舞下，走过创业时期的艰辛。他们往往能够用自己持久的激情去感染员工，鼓励大家一起努力奋进，最终将不可能变为可能。

总之,实现梦想最忌讳缺乏恒心、朝三暮四,当一天和尚撞一天钟是虚度光阴的行为,还没有直接撂挑子不干来得痛快。有所坚守,才能有所成就。只有坚持不懈地向着自己的目标前进,才能够扫除挡在梦想前面的障碍,实现美好的人生蓝图。

7.要能抵住眼前的利益诱惑

对于一些哈佛教授来说,当他们决定要从事一项研究的时候,往往并不是因为看到了这项研究能给他们带来多少名利,而是完全出自对这一研究的兴趣和热爱,或者是某种崇高的理想。所以,他们能面对诸多诱惑而不动摇。比如,重视研究成果而不是自身地位,重视责任而不是个人声望……也只有这样,他们才能在自己所从事的领域中取得成就。或许这也就应了那句话:不想得到回报的付出,往往能获得意想不到的奖赏。

曾有一个震惊世界的事件:300多条鲸鱼为了追逐沙丁鱼,由深海游向海湾,不知不觉被困在一个海湾里,又由海湾游向浅滩,最后搁浅在海滩上。对此,生物学家弗里德里克·布朗·哈里斯说:"这些小鱼把海上巨人引向死亡,鲸鱼因为追逐小利而暴死,为了微不足道的目标而空耗了自己的巨大力量。"

鲸鱼只顾到眼前的美味,却不知这美味之后隐藏的却是死亡陷阱。作为一名位高权重的领导者,对于那些身外之物,如声色犬马、财物名利之欲,就必须减少到最低限度。因为,只有不为利欲之心而舍弃一切,才能避免坠入自挖的坟墓之中。

第二章 韧性十足，扛住压力才能经得起考验

塔尔塔利亚是意大利著名的数学家，他曾找到了三次方程式的新解法。在他找到这个解法不久之后，有个叫卡尔丹诺的人找到了他，声称自己有千万项发明，只有三次方程式对自己是不解之谜，因此自己常常为此感到痛苦不堪。善良的塔尔塔利亚顿生同情之心，把自己的新发现毫无保留地告诉了他。

然而令塔尔塔利亚没有想到的是，仅仅几天之后，卡尔丹诺就发表了一篇论文，详细阐述了三次方程的新解法——这当然是塔尔塔利亚的研究成果。而卡尔丹诺也因此立即享誉欧洲数学界。

然而，纸终究是包不住火的。几十年后，真相大白于天下，而那个曾经让无数人敬仰膜拜的名字——卡尔丹诺，在数学史上已经成了科学骗子的代名词。

卡耐基曾说："要是我们得不到我们希望的东西，最好不要让忧虑和悔恨来苦恼我们的生活。且让我们原谅自己，学得豁达一点。"一个人生活上的快乐，应该来自尽可能减少对外来事物的依赖。罗马政治学家及哲学家塞尼加说："如果你一直觉得不满，那么即使你拥有了整个世界，也会觉得伤心。"

俗话说，欲壑难填。一个人如果被欲望控制了心灵，就会不断地索取、追寻。如今，这样的例子屡见不鲜：一个人兢兢业业几十年如一日地拼搏，终于爬到了不错的位置上，然而却因为一时的贪欲，最终凄惨落马。当事情到了无可挽回的境地，他们总会找各种理由哭诉自己的不幸，却没有反思一下，如果自己当初抵御住了那些诱惑，今天又何至于如此。

因此，要想拓宽自己的生命维度，让自己在领导的岗位上做得更好，首先就要控制自己的欲望，不说无欲无求，但至少要熄灭那些不切实际的欲望。如此一来，才能把目光重新放回到现实生活中来，才能看得清更宽广的前路。

1783年4月19日,历时8年的北美独立战争结束了,华盛顿时年51岁。12月23日,他辞去了军职,在美国安纳波利斯举行了一个隆重而朴素的辞职仪式。

这个战功赫赫的军人,当时在美国民众之中有着极高的口碑,而在登上总统宝座,未来的宏图一片大好之时,他却选择了放弃它。

整个仪式进行得简约平实,一如华盛顿的为人。他说:"我已经完成了赋予我的使命,我将退出这个伟大的舞台,并且向庄严的国会告别。在它的命令之下,我奋战已久。我谨在此交出委任状并辞去我所有的公职。"

在交出指挥权的第二天上午,华盛顿就离开了安纳波利斯,回到了弗农山庄。在自己家的葡萄架和无花果树下过起了一种心满意足的乡绅生活。在写给朋友的信中,华盛顿说:"戏终于演完了。我不再担任公职,感到如释重负。我希望在自己的晚年躬行于为善良的人们做事和致力于品德的修养。"

让人主动放弃权力是极为困难的,在名利场上,得失的对立似乎特别明显。然而究其事实,两者却又是能够相互转化的,得到可能意味着失去,失去反而意味着得到,甚至得失的不仅是名利,还有很多更重要、更深层次的东西,如果在形式上放弃它,反而能够永久地拥有。

有不少领导者把其他事情看得比工作成果更重要。这就代表了各种诱惑中最危险的情况:希望保护自己所处的职业地位。更有甚者,他们还避免作出各种可能损害自身地位的决定,一切只为了维护自己的地位,而不顾企业的实际情况和员工们的态度,结果,多行不义必自毙,在众叛亲离之下不得已从领导位置上退了下来。

第三章

勇于担当，领导魅力来自高尚的人格

1.少说给别人听，多做给别人看

哈佛知名教授约翰·科特，一直坚持企业领导者以身作则的观点。在《企业文化与经营绩效》一书中，科特教授指出，"对于那些能够成功改革的公司，我们通过研究发现，这些公司的高层管理人员中有着一两个能力非凡的领袖人物"。而之所以这些领袖人物会有如此高的口碑与好的形象，科特教授认为，这是因为"他们总是首先在公司内部创造一种危机感或改革的必要性"。

自古以来就有"强将手下无弱兵"之说，领导者在下属的心目中就是他们的榜样。所谓"兵熊熊一个，将熊熊一窝"，为此，领导者更应该以身作则，把"照我说的做"改为"照我做的做"，这样才能起到更好的教育激励作用。

美国著名将领巴顿将军曾经有一句非常著名的话："在战争中有这样一条真理：士兵什么也不是，将领却是一切……"这句话不是空穴来风，更不是随口一说，它源于巴顿将军的亲身体验，以及在他多年的领兵作战生涯中总结得到的结论。

第二次世界大战时期，有一次，当巴顿将军带领他的部队行进的时候，汽车陷入了深泥。巴顿将军查看了一番情况，对着车上的部下们大喊道："你们这帮混蛋赶快下车，把车推出来。"

于是，所有的人都听从指令下了车，开始推车。在大家的努力下，车终于被推了出来。当一个士兵正准备抹去自己身上的泥污时，惊讶地发现身边那个浑身都是泥污的人竟然是巴顿将军。

这件事一直深深铭刻在这个士兵心里。直到巴顿将军去世，在他的葬礼上，这个士兵对巴顿将军的遗孀才说起了这件事，这个士兵最后说："是的，夫人，我们从心底里敬佩他！"

将领所展示出来的形象，就是士兵学习的标杆。这个道理不光在军队适用，在任何一个组织中都适用。凡是能够带领团队取得成功的领导者，必定是以身作则的领导者。

美国玫琳凯化妆品公司以"领导者以身作则"作为所有管理人员的准则。公司创始人玫琳凯·艾施每天都把未完成的工作带回家继续做完，她的工作信条是"今天的事决不拖到明天"。她从来没有要求她的员工也这么做，但她的助理以及秘书，也都具有她这样的工作风格。

韩国大宇集团总裁金宇中经常对下属说："为了明天的繁荣，我们必须牺牲今天的享乐，因为我们还是发展中国家。"为了使员工能够严格要求自己，他身体力行做表率，每天半夜12点睡觉，次日凌晨5点起床，工作十几个小时，坚持了20多年。他的行动感化了整个大宇集团，每位员工都会自觉地为了集体利益而努力工作。

领导者的工作习惯和自我约束力，对员工有着十分重要的影响。如果领导者对工作尽职尽责，那么在管理员工的过程中自然就会事半功倍。

英特尔公司从创立之初就非常强调纪律，其中最重要的一条就是，员工必须在8点整开始上班——这在当时的硅谷是十分罕见的。因为，硅谷IT公司的上下班时间几乎可以说是自由的，工作干完就行，根本没有管理者去理会。但是，在英特尔公司，凡是8点10分以后才来报到的同事，就要签名在"英雄榜"上，记录下迟到的情况。哪怕你前一天晚上加班到半夜，隔天上班时间仍是8点。

有一次，总裁葛洛夫迟到了，他毫不犹豫地在迟到记录表上签了自己的名字，还在上头加注："没有人是十全十美的。"从此，对于这项相当严厉的规定，英特尔上下身体力行，没有一个人有怨言，因为总裁葛洛夫也是和大家一样遵守规定的。

通常来讲，领导者在组织中的地位和作用，无形中决定了他们在员工中的榜样形象。一旦领导者的行为被"注意"后，下属一般就会重复所观察到的行为，那时，就会产生"蝴蝶效应"，领导者行为中的点滴会被下属放大到整个组织。曾经听到一位员工推崇他的领导者说："你和他在一起一分钟，你就能感受到他浑身散发出来的光和热。我之所以努力工作，就是因为他有一种强大的威严和魅力深深吸引着我。"

作为企业的领导者，不能只满足于分派任务，一定要身体力行，严于自律，才能带领企业走出"围城"，实现企业的目标。正所谓"上清而无欲，则下正而民朴"，要求别人做到的，领导者自己首先要做到；禁止别人做的，领导者自己坚决不做。唯有如此，才能真正地发挥出自身的影响力，带动下属落实好各项工作。

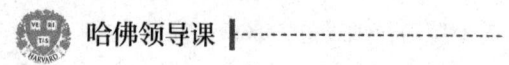

2. 真诚地关心员工

1900年,罗斯福进入哈佛,攻读政治学、历史学和新闻学,并担任校刊《绯红报》的主编。

在美国,提起罗斯福总统,不仅仅是广大民众,就是白宫的仆人,都会发出这样的感叹来——他可真是一位好人!

罗斯福的一个黑人男仆奥默森写过一本书《罗斯福,他仆人的英雄》。在此书中,他写到这样一个细节:他妻子有一次跟罗斯福总统提起过鹑鸟,颇有遗憾地表示没有见过这样漂亮的鸟。罗斯福当即就停下手头的工作,跟她细细讲述鹑鸟的故事。不久之后的一天,罗斯福总统给奥默森打去电话,告诉他,自己刚刚从他们的窗口经过,看到正好有一只鹑鸟落在窗台上。罗斯福让他们赶快去看那只鹑鸟。当奥默森与妻子看到那只美丽的鹑鸟时,感动得热泪盈眶。

有人说,在罗斯福身处白宫的那些日子里,任何一个在那里工作的人,大家只要谈起总统,都有一些值得自己终生铭记的故事。他们这些仆人常常这样想,为了罗斯福总统,他们随时都愿意赴汤蹈火!这一点也不夸张。如果每个领导者都能做到如罗斯福总统这样,那么也不用为如何管理好企业、如何调动起员工们的积极性而发愁了。

哈佛曾做过一项企业调查,结果显示,企业员工的工作满意度每降低3%,企业顾客满意度将同时降低5%。美国席尔士公司则利用"员工—顾客—公司利益"模式进行调查研究,发现员工的工作满意度每提高5%,会连带提升1.3%的顾客满意度,进而提高0.5%的企业业绩。由此可知,企业员工的工作满意程度对企业的发展具有重要意义。

第三章 勇于担当，领导魅力来自高尚的人格

美国著名的管理学家托马斯·彼得斯曾大声疾呼："一边歧视和贬低你的员工，一边又期待他们去关心产量和不断提高产品质量，无异于白日做梦！"每个员工都需要企业领导者给予他们关爱，当一个领导者能够设身处地地为自己的员工着想时，他便也因此获得了员工由衷的敬爱和真诚的拥护。

莱昂德罗是爱尔兰某家著名威士忌生产公司的总经理，该公司生产的威士忌畅销海内外，莱昂德罗在2009年年初时和公司领导层预计，该年度公司的盈利将会达到一个新的高度。为此，莱昂德罗宣布，在年末圣诞节时，会给每位员工发一个大大的红包。

然而，令莱昂德罗没有想到的是，由于在制作环节上的失误，一批销往挪威的威士忌被检验出苯含量超标，不但价值千万美元的货物被挪威海关收缴销毁，而且公司还必须缴纳挪威食品安全部门开出的巨额罚单——这一件突发事件，让公司2009年收入创新高的愿望彻底泡汤。

为此，公司有人向莱昂德罗提议，可以将给员工的圣诞节奖金扣下不发，或者少发。但莱昂德罗却不答应，他认为，公司出现失误并不是员工的错，而且员工对于圣诞节奖金已经期待很久，如果公司不能兑现承诺，那么领导层一定会在员工心中丧失威信，这与公司资金损失比起来，要严重得多。

于是，当年的圣诞节奖金按原计划发出。虽然这一大笔圣诞节奖金让公司2009年的亏损状况雪上加霜，但却换来了企业的凝聚力和向心力。2010年，在莱昂德罗的带领下，全体员工努力工作，最终大打了一个翻身仗。

IBM前CEO沃森提出其工作原则："就经营业绩来说，企业的经营思想、

企业精神和企业目标远远比技术资源、企业结构、发明创造及随机决策重要得多。"现代西方管理学就强调:"一个成功的管理者,20%靠的是专业知识和工作能力,80%靠的是他们良好的人际关系和处世技巧,足见情感因素在现代管理中的重要地位。"

作为一名领导者,如果能够做到发自内心、真诚地关心自己的员工——想员工之所想,急员工之所急,相信员工的潜能就会得以发掘,他们也会时时怀着一颗感恩之心工作,并主动自觉地保持高质量、高效率,事半功倍地完成任务。

美国著名企业凯姆朗,起初是一家为住宅区服务的小企业,承包些诸如给草坪施肥、喷药等杂活。但企业虽小,凯姆朗的领导者杜克对员工的关心却是发自内心的真心实意。

一次,杜克提出购买莱尼湖畔的废船坞方案,想把它改建为企业员工的免费度假地。但是,企业的高级财务管理人员精打细算后连忙说服杜克放弃了这项计划,因为它已经远远超过了企业目前的支出能力。

但是,杜克关心员工的热情并没有停止,他认为,为了让那些辛勤劳动的员工可以过上好的生活,他可以多付出一些。于是,不久,杜克买下了一艘豪华游轮,让员工度假,又包租了一架大型客机,让员工去华盛顿旅游。这一切耗费了企业的大量资金,但杜克对此却毫不在乎,他的心中只有员工。

正是他这种强调"爱的精神"的思想方式和经营模式,使企业的发展取得了意想不到的成效。现在,凯姆朗企业已拥有了上万名员工,营业额高达几亿美元。

亚德勒是维也纳著名的心理学家，他有一个著名观点："对别人不感兴趣的人，伤害人也越深，他一生中的困难也最多。失败者大都出于这种人。"将这句话放在如今的企业领导者身上，更加体现得淋漓尽致。

沃尔玛公司十分关心自己的员工，公司几乎所有的经理人员都用上了镌有"我们关心我们的员工"字样的包纽扣。他们把员工称为合伙人，并注意倾听员工的意见，主动了解员工的为人，他们的家庭、他们的困难和他们的希望。正是这样的做法，让沃尔玛的员工倍感温暖，干劲十足，才使得沃尔玛的发展长盛不衰。

法国企业界有句名言："爱你的员工吧，他会百倍爱你的企业。"总之，爱员工，企业才会被员工所爱，采取软管理办法，的确可以创造出工人与领导者"家庭式团结"的神话。

3. 拥有亲和力的领导者最有魅力

毕业于哈佛法学院的美国前总统奥巴马，以其平易近人的形象深得人心。

当年，顶着哈佛光环的奥巴马到芝加哥大学法学院任教时，统计学分析方法风行法学院，这就使法学院本就严谨的学风更加严谨。但奥巴马却是个例外，在他的法学课堂上，总是充满着欢声笑语。他对学生直呼其名，还嘲笑学生的浪漫情调。而他的授课方法更是不拘一格，时常出其不意地给大家来个"脑筋急转弯"。

荣登总统宝座之后的奥巴马仍然保持着他这一亲和形象，他使自己接近民众、融入他们的生活中。奥巴马的这些举止让他看起来像个普通人而不是白宫主人，而他也因这样没有架子的亲和力赢得了广大民心。

美国著名成功心理学大师拿破仑·希尔有句名言："真正的领导能力来自让人钦佩的人格。"这不难理解，领导者若总是以高人一等的身份出现，盛气凌人，久而久之，与下属的冲突将难以避免，最终导致上下离心离德，即使领导者其他方面的品质很优秀，也很难获得众人的支持与追随。

要想做一位真正有经验、有修养的领导者，就要平易近人，与下属平等相处、平等对话，只有这样，才能赢得下属的真心拥护和爱戴，才能真正树立自己的威信，也才能获得下属的支持与追随。

而且，领导者与下属之间只是职务和分工的不同，没有高低贵贱之分。如果领导者放下架子，下属就会把领导者当作"知心人"，轻松愉快地与领导者交流思想、提出建议，从而有助于领导者有效地实施管理。

卡耐基曾在针对企业如何管理员工的演讲稿中指出："对待下属的最错误的方式，就是对他们不理不睬或极度冷淡。"无论你是企业老板还是组织领队，只要你处在一个领导者的位置上，就一定要时刻记住：不要摆架子，不要总以"老大"自居。因为，既然大家能将你抬上"老大"这个位置上，也必然能拉你下来。

亲和力是赢得信赖的敲门砖，有了它，下属能够坦诚地向领导者诉说他真正的期望，也会在工作中尽自己所能。所以，作为一名领导者，身处逆境时，要能与下属共渡难关；时来运转时，也千万不可居功自傲。领导者必须真诚地关心下属，唯有如此，才能赢得信赖与威望，才能得到下属的爱戴。

1960年，法国总统戴高乐访问美国，在尼克松为他举行的宴会上，当他看到精美的鲜花展台时，称赞道："布置这样雅致的宴会，女主人一定花了很多时间与心思。"事后，尼克松夫人感动地说："大多数来访的大人物要么忽视，要么不屑于为此向女主人道谢，只有他（戴高乐）想到并提到了别人的付出。"的确，任何人都喜欢与善解人意、平易近人的人亲近。正如全球寿险家埃尔默说的那样:"你明天要遇见的人,有3/4是渴望被认可或者被体谅的,给他们认同或体谅,他们即刻就会喜欢你。"

那么,作为领导者该如何表现得具有亲和力,来为自己增添魅力呢?

(1)不仗势压人

下属经常在一起发牢骚说"胳膊拧不过大腿",是对领导者独揽大权的典型控诉。要改变这一状况,领导者应把自己摆在与下属平等的位置上,相互之间可以平等地商讨、争论和批评,真正做到"真理面前,人人平等"。

(2)使用平民化的言行

领导者要对人随和、亲切,而不要自抬身价,故示威严,使下属觉得高不可攀。这样不但不能使人亲近,不能有融洽的人际关系,而且领导者自己的生活也会孤寂而没有生气。与下属交流时要使用平民化的语言,不故作高深、不打官腔,由此才能使交流进行得顺利。

(3)注意自身的习惯

领导者在平时对待下属时表现出来的态度,除话题本身的内容外,还通过语气、语调、表情、动作等体现出来。所以,不要以为是小节,纯属个人的习惯,不会影响上下级的关系。实际上,这往往关系到下级是否敢同领导者接近。

(4)责备下属时要顾及下属的自尊心

下属犯错后,不少领导者被气昏了头,对着下属一顿臭骂,结果对方接受不了,要么怀恨在心,要么干脆走人。每个人都期望得到尊重,因此,在批评下属的时候,千万不可以用"笨蛋"或"浑蛋"这一类字眼。此外,批评的时间也不可太长。尤其是当下属知道自己做错了,并且已有悔意时,即使不批评也没有关系。

4. 该冷酷的时候就冷酷

比尔·盖茨18岁考入哈佛，后退学与好友保罗·艾伦一起创建了微软帝国。有人说："盖茨对软件的贡献，就像爱迪生对灯泡的贡献一样，他集创新者、企业家、推销员和全能的天才于一身。"而Lotus公司创始人米切尔·卡普尔则说："他（盖茨）精明干练、冷酷无情。他是个欺凌弱小的人。"

可以试着想一下，现在面前有两个领导者供你选择：一个冷酷干练、意气风发，有头脑有主见，说起话来理智而坚定；另一个邋里邋遢、不拘小节，虽整日对员工笑脸相迎，但随波逐流，意志不坚定——你会选哪个？

答案不言而喻，几乎每个人都乐意而且热烈欢迎前者作为自己的领导者。这样的领导者用他雷厉风行的带头形象给了下属强烈的干劲与工作热情。而后者，可以算是和蔼可亲，却没有一点领导者的威势，在他手下干活，恐怕很难得到锻炼与提升。

有许多领导者从内心里是排斥"冷酷"的，他们想的是如何提高下属的满意度，而不是敬业度。于是，他们像娇惯自己的孩子一样娇惯自己的下属，放松管理不说，对下属的懒惰、错误也睁一只眼闭一只眼，久而久之，对个人和组织绩效都会带来极大的伤害。

稻盛和夫曾经谈到，经营者对手下的和善纵容只不过是"小善"，如果过分娇惯下属，那么手下的员工必然会庸碌无能，这一点就和教育小孩子是一个道理。要培养优秀的员工，就必须对其进行严格的要求，这才是真正的"大善"。

第三章　勇于担当，领导魅力来自高尚的人格

1981年，杰克·韦尔奇入主通用电气，开始实施一系列的强硬改革与管理措施。5年后，据粗略统计，通用电气大约有1/4的员工"由于生产率的原因"而被迫离开。

1984年，《财富》杂志评选"美国十大最强硬的老板"，韦尔奇列在首位。一位曾在通用电气供职过的雇员评价韦尔奇"很粗鲁"，容不得"我觉得如何如何"的回答；还有一个不具名的匿名人士则声称："为他工作就像是一场战争。好多人被射中倒下了，而活下来的人还要继续下一场战斗。"

尽管韦尔奇的强硬冷酷作风让许多人感到"讨厌"和"可怕"，但自1981年以来，短短的20年里，他将一个弥漫着官僚主义气息的通用电气，打造成一个充满朝气、富有生机的企业巨头。通用电气的市值由130亿美元上升至4800亿美元，排名从世界第十提升到第一。

不仅如此，韦尔奇还为美国培养了众多的商界领袖，人们甚至把通用电器比作"人才机器"。

"冷酷"的领导一般都有非常硬朗的作风，虽然对待下属比较严厉，注重运用诸如"命令""控制"等一系列强硬手段，但却能够在很大程度上扭转被动落后的局面，振作下属的精神和斗志，如此一来，业绩也会有很大的改观。

著名的管理学大师彼得·德鲁克说："在每一个成功的组织中，总有那么一位领导者，他并不爱护人，并不帮助人，也并不同人友好相处。他冷酷、不讨人喜欢、对人要求很高，但他常常比其他任何人都能培养出更多的人才来。"由此可见，很多时候，作风强硬的领导者对他人，特别是对下属来说是一个难得的"好老师"。

那么，作为领导者，我们在平常的工作当中该如何表现出我们的冷酷呢？

（1）说到重点时表情要严肃

在我们的潜意识里，讲话人的表情严肃与否直接与事情重要与否挂钩，如果让一个人嬉皮笑脸地去说一件很重要的事，即使关乎许多人的切身利益，大家也未必相信。所以，在就某一件事说到重点之处时，比如下达命令，要以严肃的表情，给人一种不怒自威的感觉，让人不由自主地认真听你说。

（2）言语有力度

有些领导者不知道该如何驾驭说话的气势，不果断不干脆，于是言辞也跟着呈有气无力状，即使是在表明自己不容动摇的立场，也不会令人产生震撼的感觉，结果说了一通等于白说。

要使自己的言语有力度，提高声音是一个做法，可以让人明白你这是在强调，表示对这件事情的重视。

（3）必要的时候，坚定地重申自己的观点

当对某件事情，与别人在主张上有分歧，而你又坚信自己的方法才是最佳方案时，可以果断而坚定地重申自己的观点，表明自己的决心。你可以告诉对方"没有任何商量的余地""我仍然坚持我的观点是正确的"这些肯定的话语，一定能够让人为你的威势所震慑。

能在日常的工作中做到上面几点，这对领导者塑造自己的"冷酷"形象有着一定的作用。当然，我们也应该看到，仅仅有冷酷，或者过于冷酷肯定是不好的，它有时会损害自己和下属之间的关系，甚至会对下属的心理造成很大的伤害，对组织和个人整体的领导力也会带来很大的影响和削弱。

因此，领导者要懂得让自己游走在两端之间，强硬之中有柔弱的一面，柔弱之中有强硬的一面，所谓的"执其两端，取其中"就是这个道理。

5. 用饱满的工作热情影响下属

Facebook 创始人马克·扎克伯格 2002 年进入哈佛就读。2004 年，还在哈佛主修计算机和心理学的马克·扎克伯格突发奇想，要建立一个网络作为哈佛学生交流的平台。只用了一个星期的时间，世界上最重要的社交网络之一 Facebook 诞生了。在 Facebook 初创时期，马克·扎克伯格甚至不惜辍学，搬去硅谷，吃住在公司，全心投入网络的运营。

领导一个团队，就像率领着一支部队出征战场一样，毋庸置疑，士兵们的士气对战争的成败有着至关重要的作用。由此，作为团队统帅的领导者，必须让自己的手下保持高昂的工作热情，这样才能保证团队能够无往而不胜。

但是该如何提升团队士气呢？最简单有效并能较长时间地维持团队成员士气的方法，即是领导者用自身饱满的工作热情来影响下属。试想，一个整天步入公司大门就唉声叹气的领导者，如何能让员工在他身上看到充满希望的未来？只有一个时刻精神焕发的领导者，才能传递给员工力量。

美国天然食品百货零售业龙头全食超市的 CEO，John Mackey，是个让员工们提起来就赞不绝口的老板。

在工作中，John Mackey 永远精神饱满。每天下属们一进公司大门看见他，浑身就不自觉地充满了力量与干劲，因为老板总是一副神采奕奕的样子，走起路来虎虎生威，说起话来也是铿锵有力，仿佛公司里所有的业务与事情都是小意思。

在 John Mackey 的带领下，公司在全国渐渐拥有了知名度，更令人兴奋的是，他本人一直在《财富》杂志评选出的前 50 名最佳雇主中名

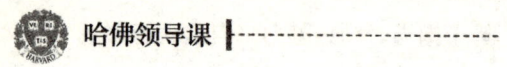

列前茅。

John Mackey一直坚信，领导者必须以身作则来激发员工的工作热情，唯有如此才能一直激励员工，把员工的热情引导到工作上来，促进公司发展，从而达到预期目标。

苏霍姆林斯基说："人的文明最精细地表现在情感文明里。"在很多人看来，激情是这个世界上最有价值的也是最具有感染力的一种情感，无论什么时候，自己如果充满激情，和你交谈的人在无形之中也会被感染，从而愿意和你交谈；如果连你自己都表现得无精打采，那么对方也就完全没了兴致。

作为一个企业的领导者，一定要时刻保持昂扬向上的斗志和奋发有为的精神状态，才能激励员工，带领出一直勇往直前毫不气馁的团队，在完成目标中有新突破，取得商战的胜利。

领导者始终有权力并且有义务影响员工的工作态度与行为，领导者想要自己看起来有一个饱满的工作状态并不困难，以下几种方法可以提供参考。

（1）领导者要穿出自信

一般来讲，领导的穿着装扮会在第一时间传递一种信息：穿上得体讲究的服装，除了自己很自信外，会给员工们留下一种积极向上的感觉；反之，着装上过于随便，总会让人感到慵懒和没有进取心。

穿着讲究的人总能显示出更强的办事能力。所以，对于企业领导者来说，选择服装的时候，要根据不同的职业、身份、所参加的活动、面对的客户等多种情况，精心挑选最适合的衣服。由此，才能给员工一个饱满的精神状态。

（2）将积极向上的话作为口头禅

奥巴马在与议员们商讨国家大事时，非常喜欢用"恕我直言"这样的口头禅。它不仅可以表达上司强势的态度，还会让下属感觉到说话者语言的力量。

正所谓"言由心生"。如果你的心里充满阳光和自信，那么你的口头禅也自然是正向和积极的。不要小看这样一个小小的口头禅，如果可以充分利用好，你一定会在不经意间发现，它们的作用竟如此之大，而你的下属更会受益匪浅。

（3）使激励具体化

管理者应该谨慎选择员工可以达到的目标，为那些为实现目标而努力的员工加油喝彩、提供援助。如果企业的目标是提高产品质量，领导者就应该给员工提供提高产品质量的方法和条件。领导者还要有规律地检测企业的进展状况，及时向员工公布结果，使员工了解团队所处的位置，庆祝自己所取得的成功。通过这种方式，领导者就能把自己的精力和热情聚焦到帮助员工实现他们的工作目标上来。

（4）与员工并肩作战

当员工看到领导者和自己在同一个战壕里时，领导者的那些喝彩、激励和鼓舞的言行就比一封传达鼓励的信函更有意义。许多高层领导者不能一直亲临现场，但是当他们和员工在一起时，就要全身心地投入到工作中去。

（5）选择激励的时机

在日常工作、生活中，领导者可以时常用一个微笑、眨眼、轻拍对员工表示赞许；有些时候，和员工间进行关于他们日常或家庭生活的对话也很有必要。

总之，作为一个企业的领导者，在你要求员工的精神要饱满之前，还是时刻保持自己高昂的斗志吧，敢为人先、敢抓敢干、以身作则、甘当表率。唯有如此，才能无愧于企业赋予领导者的光荣使命，你的事业和仕途才会无往而不胜。

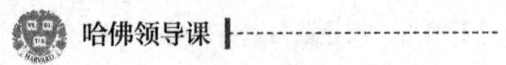

6. 不怕袒露自己的弱点

当哈佛心理学教授沙哈尔在讲堂上微笑着说"我曾经不快乐了30年"的时候,很多人都情不自禁地喜欢上了他,因为他不怕与同学们坦诚相见,在他暴露出自己不完美的一面时,大家看到的恰恰是他的可爱之处。

内心虚弱的人担心他人轻视自己,常常掩饰自己的弱点和不足。内心强大的人并不掩饰缺点,而是敢于袒露不足。当一个人袒露自己的缺点和不足时,他会发现并不可怕,因为真诚会赢得尊重。

当迈克尔·乔丹还在芝加哥公牛队的时候,皮彭是公牛队最有希望超越乔丹的新秀。年轻的皮彭内心充满了深深的嫉妒感,还经常扬言说乔丹某方面不如自己。

但乔丹没有把皮蓬当作潜在的威胁来排挤,反而敢于在这个对手面前袒露自己的弱点,并对皮彭处处加以赞扬、鼓励。

一次,乔丹问皮彭:"我俩的3分球谁投得好?"

皮彭心不在焉地回答:"你明知故问吗?当然是你。"因为那时乔丹的三分球成功率是28.6%,而皮彭是26.4%。

乔丹却微笑着纠正:"不,是你!你投三分球的动作规范自然,很有天赋,以后一定会投得更好。我投三分球还有很多弱点。"

乔丹接着说:"不瞒你说,我扣篮多用右手,习惯地用左手帮一下,而你左右手都行。"

乔丹用这种坦诚无私的品质赢得了所有人的拥护和尊重,包括他

第三章　勇于担当，领导魅力来自高尚的人格

的对手。

不怕暴露自己的不足之处的人，说明他对自己有着深刻的认知，并能因此而获得他人的理解与尊重。但对于许多企业领导者来说，做到这一点却十分困难。他们通常认为，如果自己的下属了解自己的弱点或劣势，就会轻易地向自己发出挑战，从而使自己丧失权威。但事实恰好相反，调查表明，员工并不像领导者想象的那样总是盯住上司的缺点，他们深知每一个人都会有不足，即使是领导者也不例外。

事实上，绝大多数公司成功的领导者之所以受人拥戴，原因就是人们曾看到他最脆弱的时刻。因此，作为领导者，完全没有必要刻意隐藏自己的弱点，而应该向员工展露完整的你，让他们得以全面认识和了解你，这丝毫不会影响你的权威，反而会增强他们对你的信任。

稻盛和夫是个非常有个性魅力的企业家。他能把自己的施政纲领向员工慷慨陈词，也敢于大胆披露自己以前的"隐私"和"缺点"。这种自我揭短的行为曾一度让员工们津津乐道。比如，他说："战后的混乱时期，我曾胆战心惊地从木材商店偷窃过木材。""经商创业初期，我曾因为偷税逃税而被税务局批评警告。"等等。

正是稻盛和夫这种勇于剖析自己的胆识，才使得员工产生了"总裁也不是一个完人，也和我们一样经常犯错误"的亲近感。这种感觉潜移默化地增进了上下级之间的心理融合度。也正是在这种劳资关系的催化下，京都陶瓷公司才能出现上下同心同德、共谋发展的蓬勃态势。

敢于自我揭短，提高透明度以拉近与职员的心理距离，以坦荡的胸怀面

对，坦诚相见，可以赢得员工信赖，使企业内部更加融洽。

一个组织能够团结，关键在于平等。其实作为领导者，手中握有一定的权力，在面对下属的时候是很不容易在权力和感情之中寻找到一个平衡的，一不留神就会被人认为是恃强凌弱、仗势欺人。因此，一个成熟的领导者是懂得淡化自己的权力感的，甚至在必要的时候，会主动向下属示弱，以达到和下属和平共处的目的。

当领导者显露其弱点时，是在毫无保留地向大家展示最真实的自我，如果不自曝点弱点，很可能观察家们会给你搞出一些弱点来，结果更糟。有一点需要注意，领导者在袒露自己弱点时必须非常小心，要有所选择，永远不要暴露致命的缺点，而是显露一个或少数几个无关紧要的弱点，或者挑选从某种意义上可能被认为是优点的弱点。不然，很难保证不会授人以柄，给自己日后的管理工作带来潜在的麻烦甚至威胁。

7. 责任面前有担当

2018年3月，Facebook承认来自伦敦数据公司Cambridge Analytica利用Facebook不正当地获取了8000余万名用户的个人信息。马克·扎克伯格在媒体电话会议上就此事件表示："说到底，这是我的责任。我开创了这家公司，我运营它，我会负责。"

人人都有趋利避害的心理，当遇到必须要有人甘愿牺牲或奉献才能解决问题的情况时，人们的第一反应就是——撤。如果你只是个无名小卒，趁人不注意就偷偷溜走了，或许制造不出多大的动静；但如果你是个领导者，这种行径将会给整个团队带来无法估量的损失。

对一个人来说，有多大的能力，就坐多高的位置；同时有多少困难，也要

第三章 勇于担当，领导魅力来自高尚的人格

身先士卒、抢着承担。如此，才能配得起头上的"领导者"称号。

公司正处于事业的衰退期，整个管理机构呈一盘散沙状态，领导层人人自危，员工也过着朝不保夕的日子——这就是艾柯卡担任美国克莱斯勒汽车公司经理时面临的严峻事实。

上任伊始，艾柯卡就下定决心要重振克莱斯勒公司。于是，他开始了一系列大刀阔斧的改革。他认为，公司领导层的全部职责就是动员员工来振兴公司，在这样大的责任面前，只有领导者表现出有担当的一面，才能带领下属走出危机。

因此，在如今公司最困难的日子里，管理者就首先要以身作则，切实担负起振兴公司的任务。对此，艾柯卡除了每天加班加点地工作之外，还主动把自己的年薪由100万美元降到1000美元。这100万美元与1000美元的差距，顿时让艾柯卡伟大的牺牲精神愈显闪亮。

榜样的力量是无穷的，艾柯卡在员工中产生了非凡的影响力，在他的感召下，很多员工都不计报酬，团结一致，自觉为公司勤奋工作。

奇迹是建立在努力之上的，不到一年时间，克莱斯勒公司的经营状况就迅速得到了好转；三年后，公司再次跻身北美亿万资产俱乐部当中。艾柯卡的身先士卒，不仅为克莱斯勒公司带来了重生，更为自己积累了辉煌的成功履历。

俗话说，"兄弟同心，其利断金"。反观现实中的我们，无论是在任何一个企业或者是机关内，只要全体成员能够上下同心，齐心协力，朝着既定的目标稳步向前，那就没有做不到的事情。这个前提，就是作为核心的领导者能够让下属即使是在条件艰苦的情况下也心甘情愿地跟着自己，而所有这一切都要

求领导者一马当先,为下属做出榜样才行。

美国著名管理顾问史蒂文·布朗曾告诉广大企业领导者:"管理者如果想发挥管理效能,必须得勇于承担责任。"当问题出现时,领导者不是想着如何脱身,而是该如何将问题接下来,甚至将过失也揽在自己身上,这样不计较个人名利的行为,将会给领导者带来更高的威信和感召力。

1979年,伊朗伊斯兰革命爆发,革命暴徒攻占了当时驻伊朗的美国大使馆,并扣押了52名大使馆工作人员。面对如此严峻的状况,时任美国总统的吉米·卡特立即开始准备应对工作,意图秘密解救被困人员,这就是著名的"蓝光行动"。

但很不幸的是,在解救过程中由于直升机出现故障,致使整个营救行动以失败而告终。

计划失败后,举国上下一片失望与愤慨。为稳固民心,卡特总统立刻在电视上发表声明,"一切责任在我"成了他一再强调的话。

而事实上,直升机营救行动的失败并不归咎于他,但因为他极其诚恳的态度和肯于负责的行为,令他在美国人心目中的形象骤升,仅仅因为这一句话,卡特总统的支持率瞬间上升了十几个百分点。

一项重大事件的失败可能来自很多原因,但无论是什么原因造成的,作为一个组织核心人物的领导者,当务之急就是要把所有责任责无旁贷地承担下来,而不是心急火燎地去寻找借口、推诿责任。因为,领导者勇于承担责任,不仅能使下属有安全感,而且更能得到下属的爱戴和信任,从而充分激发出下属的热情,心甘情愿地把工作做到最好。

综观那些具有伟大人格感召力、取得令人瞩目成绩的成功人士,无不都是在责任面前表现出了大无畏的担当姿态:韩国金大中总统在金融危机到来的时

第三章 勇于担当，领导魅力来自高尚的人格

候，首先做的是检讨自己行为的过失；丰田喜一郎在办公桌背后悬挂着一个自律的条幅，让秘书时刻监督他又犯了什么错误……责任面前有担当，是一个合格的领导者应该做的事情，也是让下属心悦诚服地跟随其为企业尽心尽力的法宝。由此，那些遇事畏缩拖拉的领导者，还是尽早明白这一行为准则，并以它来约束自己，从而让自己的领导魅力更好地得以提升吧。

承诺是最容易让人与人之间产生信任的东西，是维护买卖双方经济利益的基本保证。作为一个企业的领导者就应该说到做到，这样才能维护自己的威严，企业也会取得好的成绩。

在下属心中，领导者代表了一种权威，如果领导者无法兑现自己的承诺，就会让这种权威大打折扣。因此，领导者要说到做到，不仅奖赏要兑现，就连惩罚也要落实。员工是推动企业进步的力量，如果员工对领导者失去了信任与好感，那么可想而知，这个企业的寿命也就不会长久了。

成功的领导者常常遵循这样的原则：要么轻易不与下属相约，要么就信守诺言，竭尽全力去办。尤其是对于一些关系着下属前途与未来的许诺，千万不可随意作出，若有许诺，就应尽力兑现。这才是领导之道。

当然，企业管理中也不乏这样的领导者：他们爱许诺，可又偏偏不珍惜一诺千金的价值，往往无法兑现。结果时间久了，威信会一落千丈，领导地位也会失去基础。

泰勒斯是美国阿拉斯加的一名餐具经销商人。有一次，标准石油公司向他们订购了十万套餐刀和叉子，交货日期为当年的11月6日，地点是圣弗朗西斯科。

泰勒斯接到订单后，立即投入到生产运营工作当中。然而，由于工期较紧，生产原料紧张，生产厂家迟迟不能按期交货。直到11月5日深夜，厂商才把这十万套刀叉送到了泰勒斯的手中。

为了信守契约，赶在6日前将这批餐具送到标准石油公司，泰勒斯决定使用空运。于是，11月6日，一架装载刀叉的飞机如约到达了交货地点圣弗朗西斯科。但是，泰勒斯却因此付出了惨重的代价：他额外支出了3万美元。

泰勒斯的朋友知道这件事情后，惊讶不已："你疯了吗，泰勒斯，多花3万美元就为了十万套刀叉？"

泰勒斯严肃地回答："作为生意人，不管你有什么理由，遇上什么麻烦，哪怕是由于别人的原因而给你造成了损失，你也必须按照合同准时交货。这就是规则。"

从此以后，业界都认识了这位重合同守信用的阿拉斯加人，许多商人都来和泰勒斯做生意，于是大量的订单雪片般飞来。泰勒斯的生意迅速增长，在数年之中，就成为全球最著名的餐具代理商。

重承诺、守信用，是企业经营活动道德的基本要求，也是企业信誉的基础。优秀的企业家在利益与信誉发生矛盾时，甚至可以为了维护信誉而放弃利益。

作为一名企业领导者，一定要认识到"一诺千金"的重要性。许诺就一定要遵守，哪怕最后会带来一些损失，否则，作为领导者失去的东西将会更多。

当然，对于某些企业领导者来说，经济利益的诱惑实在是太大了。他们根本不怕批评、不怕曝光，就连惩罚力度小了，对他们都起不到应有的作用。还有些公司甚至奉行"走后门，破财消灾""捞一单走人"的经营理念，这种鼠目寸光者当然要另当别论。

第四章
知人善任，用对人才能做对事

1. 知人然后才能善任

关于领导者用人，美国前总统罗斯福说过："一位最佳领导者，是一位知人善任者。"他不仅是这样说的，也是这样做的。

罗斯福在第一个总统任期内，以恢复经济为主要施政纲领，在他的筹划之下，政府成立了一个证券交易委员会，任命约瑟夫·肯尼迪担任这个委员会的主任。约瑟夫·肯尼迪出生于政治世家，对政治经济学有着天然的悟性，罗斯福在没当选总统之前就与他结识，并逐渐认识到这个人在证券和投机方面都有着非凡的才干。

当时有许多人不看好约瑟夫，因为他是靠投机发财的人，由他出任证券委员会的主任无异于让一个黄鼠狼来照看鸡群，但这恰恰是罗斯福知人善任之处。在罗斯福看来，让"贼"来捉"贼"，就是消灭"贼"的最佳办法。果然，约瑟夫在任内制定了很多改革措施，堵塞了证券交易中的许多漏洞，股票交易日趋规范，投资人的权益越来越有保证，股票信用逐渐恢复。

德尼摩定律告诉我们,每个人,每样东西,都有一个它最适合的位置。在这个位置上,它能发挥出最大的功效。对于领导者来说,有着知人善任的能力尤为重要。

卡耐基认为,要想掌握高超的用人之道,必先要做到知人善任。知人,就是要了解人,指的是对人的考察、识别、选择。例如,美国加州大学曾对来应聘校长的四个候选人的挑选办法是,把他们的夫人一起接到学校住上几天,再通过实际生活加以观察。他们认为,假如校长的夫人品格不高,校长的工作实际上将会受很大影响。结果果真又淘汰了一名候选人。

善任,就是要善于用人,指的是对人要使用得当,充分考虑人才的具体特点,把他放到合适的岗位上。比如,有的擅长分析,有的擅长综合,有的擅长管理,有的善于交际,等等。特定类型的才能应与其工作性质相适应。

工作对人的要求不同,才能与职务应该相称。给予一个人的职务应最能刺激他发挥自己的优势。职务以其所能和工作所需结合而授,叫"职以能授",这样,既不勉为其难,也不无可事事。扬其所能,其工作自然积极,管理效能也必然提高。

汽车大王福特十分注意招揽人才,并善于根据人才的特点和要求,让他们发挥最大作用。

广告设计师佩尔蒂埃在产品的营销方面有相当的天赋,福特发现了这一点,让他负责T型汽车的营销策划,取得了巨大的成功。

埃姆不仅技艺精湛,而且善于调兵遣将,但长期得不到赏识,因此郁郁寡欢。福特发现这些后,对他给予了极大的重视,为其施展自己的抱负提供了相当大的空间。在用人上,埃姆甚至可以自己说了算,这使埃姆为公司聚集了许多精兵强将。

负责福特汽车推销的库兹恩斯,是个虚荣、自私、性情粗暴的人,却又聪明能干、善于交际、处事果断。福特用其所长,视为臂膀,委以重任。结果,库兹恩斯独创了一种推销方式,轻而易举地在各地建立了经销点。

由于每个人都能找到在公司的最适当位置,福特公司面貌一新,到1925年10月30日,甚至创造了10秒钟生产出一辆汽车的世界纪录,福特公司让当时的同行望尘莫及。

福特的成功,得益于能根据不同人才的特点和愿望,为他们找到最合适的位置。通过人员的合理配置,形成了人才的互补效应。综观企业界,每一个成功的企业,无不聚集着若干乃至一群为企业贡献知识与智力的人才。有了人才,还要善于使用人才,为人才找到最合适发挥其才能的位置和机会。只有这样,才能使他们获得一种满足感和成就感,产生一种对企业认同的向心力。

总之,知人善任,是用人艺术的最高境界。作为一个现代企业领导者,必须学会量才而用的用人艺术,用人之长是顺利实现组织目标的一条捷径。

2. 请合适的人"上车",让不合适的人"下车"

第二次世界大战爆发时,时任美国总统的罗斯福提拔马歇尔为总参谋长,这一决定在军中立刻引起轩然大波,因为马歇尔资历不深,经验有限,很难保证他能够胜任这份差事。

但是,那些持有反对观点的人明显是多虑了。马歇尔走马上任伊始,就开始大胆擢升一批有非凡才干的青年军官,其中有艾森豪威尔、克拉克、巴顿等,他们都成了率领美军在第二次世界大战中驰骋战场独当一面的司令官。由于罗斯福的知人善任,敢于破格用人,所以欧洲

战场的美军在短时间内赢得了战争的胜利。

著名的管理学者詹姆斯·柯林斯曾就企业用人这一问题提出一条至理名言："将合适的人请上车，不合适的人请下车。"

目前，许多企业对人才的招聘原则是宁缺毋滥，这也就说明了企业管理已逐渐趋于更加正规化、严格化。任何一个企业需要的员工都是要能创造效益的有价值的员工，而不是吃闲饭干不了大事的人。

而在更多时候，不仅好的用人机制能更大地发挥员工的积极性，好的领导者也能更好地发挥出组织的最大效用。这就需要领导者有"火眼金睛"，能识别并重用那些合适的人才。

在管理团队年轻化的浪潮席卷全球的时候，沃伦·巴菲特为手下有个平均年龄77岁的高层管理团队而自豪，他还高兴地跟人表示，他领导的团队已经有6个总裁超过75岁，再过4年至少增加到8个。

巴菲特将他的高龄团队视若珍宝，他说："教小狗学会老狗的本领不是一件很容易的事。"巴菲特认为，他的团队是深奥冷峻的智慧与乡巴佬的幽默完美组合，他确信，"老狗"比"小狗"有更多的智慧和力量。

巴菲特知道他这个高龄团队每个人的特长，并且合理地给他们分配合适的工作。他的管理哲学是："自己怎样挥舞球棒并不重要，重要的是场上有人能将球棒挥动得恰到好处。"他高度评价他的团队："不得不说，伯克希尔的总裁们是管理艺术的天才，而且他们都将伯克希尔视为自己的产业一样来经营。而我的工作只是不妨碍他们的工作，找合适的位置给他们，然后就等着去分配他们所挣回来的收入。这是一件很愉快的事。"

第四章 知人善任，用对人才能做对事

在科技竞争、人才竞争愈演愈烈的现代社会，使用人才讲求各尽所长，发挥他们的最大优势，并且组成优质的团队。而巴菲特的团队尽管年龄很大，但他有自己的一套用人方法，将合适的人放到合适的位置，即使年龄再大，也有他的特长和优势，只要安排好了，合理利用，同样能发挥出超人的能力。

一个团队的竞争能力取决于领导者的职业化素质。麦肯锡公司的一项调查表明：有的公司能保持持续发展和改革，达到更高的业绩，其重要因素在于一批具有改革才能的领导者和专业人才。在企业的人力资源治理活动之中，选人是第一关，选择合适的员工也是做好企业工作的前提和基础。

美国20世纪福克斯影片公司总经理史高勒斯，曾经营着一家有固定资本100万美元的电影院。但令他感到困惑的是，虽然对电影院的投资不少，但公司经营情况却很差。为了解开经营不善之谜，史高勒斯决定对公司进行突击检查。

这天上午，史高勒斯事先没打招呼就来到了亚特兰大城，独自走进那家电影院。他发现，整个电影院里空无一人，只有一个年轻小职员在值班。

史高勒斯问道："经理们呢？"

小职员回答："他们都还没有上班。"

史高勒斯非常生气，又问："经理不在的时候由谁来处理日常事务？"

小职员回答："由我来处理。"

于是，史高勒斯说："从现在开始，你就是这家电影院的经理，任命书很快就到，希望你尽忠职守。"

电影院在新经理的努力下，果然出现了转机。

在常人看来，在如此短的时间内作出决定提拔一个小职员是冒失行为，但是人力资源管理是一门艺术。人力资源管理的宗旨是：宁可不拘一格提拔忠于职守、创造高效益的职员，也绝不留用擅离职守、效率低下的高级经理。

现在，企业领导者越来越认识到人才的价值和管理人才的方法，对于那些在教育后仍然停滞不前或不思进取的人，不少领导者采取绝对的强硬做法——花钱也要辞退。在他们看来，人才要有进有出，绝不能像死水一潭，要让治理人员和普通员工都有危机感。所谓"人无压力，便无动力"。给合适的人安排合适的位置才是最有效的人力资源配置方式，也是领导者必须帮助企业实现的重点工作。

因此，每一位领导者，都应该学会扬长避短的用人艺术，请合适的人"上车"，让不合适的人"下车"，确保使有限人才的智慧都放射出绚丽的光芒。

很多领导者在招聘员工或提拔下属的时候，总是逃脱不了眼睛向上看的毛病：本科生当然比专科生好、研究生当然比本科生好、博士当然比研究生好，如果再有些什么成功的经历和光辉的头衔，那就更好了。

其实，学历并不是衡量一个人是否真正有才能的唯一标准。做领导的，千万不要被学历遮住了选拔人才的视野。

一本世界畅销书《让学历见鬼去吧》，出自索尼公司的创始人盛田昭夫之手。他在这本书中写道："我想把索尼公司所有的人事档案烧毁，以便杜绝公司在学历上的歧视现象。"不久之后，他就真的将这句话付诸实施了，此举使一大批人才脱颖而出。

索尼公司的用人宗旨是：唯才是用，而非唯文凭是论。尤其是对科技和管理人员的考核使用，主要是看他们的实际才能怎么样，而不是仅仅注重其学历。而且，公司录用人员时的过关考试相当严格，通过指挥分配工作或提升职位时，主要依据是他考试成绩的好坏和在实践中所表现出来的能力。

第四章 知人善任，用对人才能做对事

由于索尼公司能够抛开文凭标准，坚持不拘一格地选拔人才，才使得索尼公司逐步形成了一支庞大的科技和管理人员队伍，并且实现了人才结构的大体平衡。

"让学历见鬼去吧！"索尼公司的成功实践已证明了盛田昭夫的这句话。当然，我们说不能凭学历取人，并非完全否认学历的重要性，盛田昭夫所强调的也是要以能任人、凭才任人，而不要局限于他的学历。

越来越多的领导者认识到，学历不等于能力，学历只是证明能力的一种工具而已。以能力为本，而不是以学历为本，这是世界优秀企业在选聘人才方面的共同之处。学历不是衡量一个人才能的唯一标准，一个人的素质如何、水平高低，关键还在其能力。

萨耶和卢贝克两人共同创办的萨耶·卢贝克公司，在美国连锁百货行业有着相当高的知名度。

在创办公司第一年，萨耶和卢贝克两人就靠着自己的才智和勤奋赚到了40万美元。但随着公司的快速发展，两人决定聘请一位经理，总管一切经营事宜。但是，高级人才一方面薪水要求太高，这对于他们这个刚刚成立的小公司来说无疑是个不小的数字，而另一方面那些高级人才也很难会同意"屈居"于他们这个小公司。

正在一筹莫展之际，一次偶然的机会，两人在路边发现了一个名叫菲迪斯的小商贩，其推销手段非常高明，总是能先于旁边别的商贩把东西卖光。两人相视而笑，心照不宣，当即决定聘请菲迪斯做公司的经理。

事实证明，萨耶和卢贝克两人的决定是相当正确的，当上了经理的菲迪斯果然表现出了很强的管理天赋。10年的时间里，公司的营业

额就增加了600多倍，员工队伍发展壮大到10多万人，每年销售额超过80亿美元，要知道，对于当时的美国连锁百货行业来说，这简直是不可思议的天文数字。

现实生活中的领导者几乎都面临过类似的问题：重用那些高学历的人，你不仅要支付高昂的薪水和优厚的待遇，而且一旦你的意见和他们的看法发生矛盾，到时想找个回旋的余地都很难。

在这种情况下，我们不妨将眼光从学历转移到能力上面来，你会发现，许多学历并不高的人，他们往往有着不一般的能力，却因某些原因而得不到重用，而且他们正渴望有一个能够发挥自己才能、展示自己的舞台。这时候，作为领导者你若是给了他们一个这样的机会，他们自然感激不尽。

领导者的主要工作就在于用人，因此只要是人才，我们就不应该在学历上面纠结。一个聪明的领导者是不会只凭身份的高低、履历的好坏去评价一个人的，他们只看实际，甚至为了能从小人物中招揽到人才，他们都不惜放低自己的姿态。

因此，作为企业领导者，千万不要被所谓的高学历遮住了视线，应以正确、公正的眼光发现人才，使用人才。

3. 善于用人之长、避人之短

众所周知，奥巴马与希拉里在2008年民主党初选中互为对手，双方言辞斗争异常激烈，可谓是"苦大仇深"。但是奥巴马在赢得大选后，却并没有对其进行打击报复，反而委以重任——任命希拉里担任最重要的国务卿一职。

希拉里在回忆当年的初选时说："在政治和民主的竞争当中，总会有输的一方。我尽力了,但结果还是没有成功。奥巴马请我出任国务卿,我答应了。为什么他会请我来担任这个职务?为什么我又会答应下来?因为我们两个人都热爱这个国家。"

当时,奥巴马在激烈的总统角逐中获胜后,在所有人都以为他将会对希拉里这位"仇人"进行打击报复时,他却作出了出人意料的举动:不仅委以希拉里国务卿的重任,还表示资助她偿还为竞选欠下的经费。唯才是举,不掺杂个人的感情色彩,这是奥巴马的用人之道。

世界上没有一无是处的人,聪明的领导者善于用人之长、避人之短,并且能够做到使他们"物尽其用,人尽其才"。

著名的美国石油商人保罗·盖蒂有一次跟一个做老板的朋友聊天,朋友跟他说自己准备炒掉公司里三个非常糟糕的员工。这三个人分别是:总是喜欢没事找事鸡蛋里挑骨头的A;成天忧心忡忡担心公司会倒闭的B;偷懒成性总有说不完的废话的C。

盖蒂听后,笑着说:"如果你真不想继续聘用他们的话,不如将他们给我。"朋友眼前一亮,认为是辞掉这三个人的最好机会,当即同意下来。

第二天,这三个人真的到盖蒂的公司报到了。盖蒂说:"现在我给你们分配任务,A负责检查产品质量,B做生产安全和公司保卫工作,C到外面去搞商品宣传。"三个人一听,兴冲冲地走马上任。不久,由于这三个人工作十分努力,工厂盈利直线上升。

林肯总统是一位非常善于用人的领导人,因为他知道什么位置适合用什么人,并且能够在一些特殊的环境里起用具有特殊才能的人,这就体现了一个领导人的高度。比如，在南北战争期间，有人曾告诉林肯，说他任命的新总司令格兰特将军嗜酒贪杯，难担大任。林肯却说："如果我知道格兰特将军喜欢什么牌子的酒，我就会送若干桶给他和其他的将军。"林肯当然知道贪酒可能误事，但他更知道格兰特是当时"北军"中最有才能的，只有格兰特才能运筹帷幄，决胜千里。事实上，对格兰特将军的任命成为南北战争的转折点。

在一个人的身上，其才能有长处也有短处，用人就要用其长而不责备其短处。一位优秀的企业领导者，假如把每个下属所擅长的方面有机地组织起来，就会给企业的发展带来整体效应。

中尾哲二郎在一个承包厂里干活的时候，有一次，松下幸之助去这家承包厂视察。该厂老板气愤地对松下说："中尾哲二郎这个家伙真没用，就会发牢骚，我们这的工作，他一样也看不上眼，而且总讲些怪话。"

但松下却认为，像中尾这样的人，只要给他换个合适的环境，采取适当的使用方式，爱发牢骚爱挑剔的毛病有可能变成敢于坚持原则、勇于创新的优点，于是他当场就向这位老板表示，愿意让中尾进松下公司。

中尾进入松下公司后，在松下幸之助的点拨下果然表现出旺盛的创造力，成为松下公司中出类拔萃的人才，最终被提拔为松下公司的副总经理。

聪明的领导者往往都是使用人才高手，能够为自己的员工创造良好的工作环境，为他们做好"适才使用"的安排，让每位员工都能够发挥自己的长处。

人无完人，如果管理者只注意下属的短处，而不是他的长处，那就极有可能损失一位人才，从而给企业带来无法预料的损失。力求能有效地调动每个下属的长处，是一位合格的企业领导者的责任。换句话讲，高明的领导者会趋利避害，用人之长，避人之短。如此一来，则人人可用，企业兴旺，无往而不利。

在用人上，领导者要想为官一任，造福一方，做出点成绩来，关键是要下好安排员工这盘棋。领导者一定要用其所长，避其所短，充分发挥员工的潜能。

4.用人不要带有私人情感

一位在哈佛上学的女孩说："在哈佛的这几年，我学会最多的，就是如何与人相处。"哈佛人认为，与人相处不要带有任何私人感情，不能因为你喜欢与某个人交往就整天围着人家转，也不能因为讨厌某个人就与对方老死不相往来。

将这条交际规则放在领导者用人上面同样适用。在工作上，如果一个领导者能做到不任人唯亲，或是不计前嫌，那么，这个领导者才会从根本上让人折服。

对于各个企业或者机关事业单位的领导者来说，公正、公平的用人态度尤为重要。目前，任人唯亲的现象在各大企业屡见不鲜，但领导者同时也因碍于这些人情而放松了对企业的有效管理，以致使企业日渐没落。

对此，美国著名管理学者泰勒博士提出了一个叫作"刚性管理"的名词。他指出，但凡是那些高效的企业，都是以规章制度为中心的，它们凭借着制度约束、纪律监督、奖惩规则等手段对员工进行管理，从而提高企业运转的速度和员工工作的效率。

泰勒的思想很有道理，作为一个企业的管理者，想要提高自己团队的工作效率，就应该摒弃私人感情的掣肘，脱离"人治高于法治"思想的桎梏，为其灌输铁一般的纪律，制度面前人人平等，就连领导也不例外。唯有如此，才能将企业的发展更进一步。

实际上，"不以私事害公义"，一名领导者如果能够做到举贤不为私情所干扰，那其实也是对自己的一种保护。

日本工会议所主席土川元夫急需一名管理主任，于是他的老朋友西铁百货公司社长尾芳郎向他推荐了一个人。

但土川元夫和这个人面谈后，立即告诉尾芳郎说："你介绍来的这个人不行，我不能用他。"尾芳郎听完以后很吃惊，有点生气地说："你仅仅和他谈了20分钟左右的话，怎么就知道他不能被留任呢？再说，他也是我朋友，你就不能再考虑一下？"

土川元夫说："没有什么可以考虑的，你的这个朋友与我初次见面，却一点也不知道礼貌，总是自己滔滔不绝，根本就不让我插嘴；而我说话的时候，他似听非听，满不在乎，这是他的第一个缺点。其次，他非常乐意宣传他的人事背景，说某某达官贵人是他要好的朋友，似乎故意让我知道他不是一个一般的人。最后，在谈业务发展时，他却根本说不出来什么东西，只是跟我瞎扯。你说，这种人怎么能共事呢？"

尾芳郎听完土川的话后，认为土川的分析是很有道理的。土川元夫没有顾及老朋友的情面，拒绝了尾芳郎的推荐。后来，土川元夫经过努力，终于找到了一个真正有才能的人。

不少企业尤其是民营企业，一向习惯于"人治"而不崇尚"法治"，即便是员工犯了错，也因顾及关系而不好意思予以处理，导致这种现象越来越猖獗。于是我们就见到了很多企业"活不过30年"的景象。

作为一个领导者,管理下属时更多的是在管理下属的心,而公平,则是最能点燃下属心中的激情的了。如果你对下属的提拔不是以关系而是以能力为基准,就会给组织树立下一个公平的风范,从而让下属间的竞争回归到各自能力的发挥和进步上来,让你这个做领导者的能够管理得更轻松。

无论是在企业还是在机关做领导者,真正有能力的下属都是不可或缺的。给这些人才一种公平的竞争环境和提升空间,这不仅能够帮助企业留住人才、利用人才,更能够体现出领导者的睿智和气度。

总而言之,领导者在用人时,切不可被人情关系遮住了眼睛蒙蔽了心智,唯有挣脱了这层关系的束缚,才能更好地领导企业,将企业带到正规发展轨道上面来。

5.不要忽视"小人物"

在哈佛,从来就没有高低贵贱之分。就拿哈佛学子来说,成绩优秀者,学校希望他们留下来当老师,教书育人;成绩平平者,学校希望他们以后能资助学校,为学校捐款。事实上也正是如此。多年来,那些成绩平平的"小人物"为哈佛的捐款已经是数以亿美元计了,他们已经成为各个行业的精英。

"大人物"总是"稀有"的品种,在我们身边,更多的是普通人。不要看不起身边不起眼的小人物,千万别瞧不起他们。很多时候,"小人物"是不容忽视的,正所谓,"自古名人多寒士"。许多有作为的大人物都是由小人物脱颖而出的。

作为一个领导者或决策者,会做事与会用人是事业成功的必要基础。领导者事业上的成功,除了靠大人物提拔,更必须依靠广大"小人物"的支持和共同努力才能办到。

通用电气公司的一把手韦尔奇,在提拔人、重用人这一方面从不以对方的学历、背景等硬性资本为参考条件,而是以才为上。只要是有才识之人,不管他目前身居何位,即便只是个不起眼的小人物,韦尔奇都能顶住公司里的各种舆论压力来对此人进行提拔。

有一回,公司在决定一个有约7800名财务人员要向其汇报工作的关键职务的人选时,韦尔奇跳过了其他几名优秀的候选人,而选择了39岁的丹尼斯·达莫曼。这一决定顿时引起诸多人的不满,因为丹尼斯当时的职务要比该职位低两个级别,无论如何都轮不到他跳级担任更高的职务。

但韦尔奇却仍然坚持自己的想法,因为他看中了丹尼斯在处理棘手任务时的能力,那种果断而稳妥的头脑与行动,恰恰是其他几名候选人所不具备的。事实证明,韦尔奇的决定相当正确,丹尼斯在该职位上表现出了令人佩服的才干,成为韦尔奇的得力助手。

韦尔奇说:"我们能做的是把赌注压在我们选择的人身上。因此,我的全部工作便是选择适当的人。"怎样识人、用人,关键是要正确地看待人才的长与短,有些领导者在这方面却做得不够好,他们只把眼光放在了那些起点比较高、条件比较优越的员工身上,而那些起点比较低的员工却不能得到重视,结果导致两者之间差距拉大。

事实上,"大人物型"员工也是由普通人慢慢发展成的,因此可以说在那些不被自己关注的人群里,在那些没有金光闪闪的学位证书、成长光环的人群里也是有人才的,只是领导者总是不把目光投向他们,没有发现罢了。

其实,就企业来说,衡量人才的标准和一个人工作能力的强弱,他目前的状况并不是最重要的部分。领导者需要的是有能力的人，企业需要的是能够创造价值的人，这两点和一个人的背景或起点并无直接联系。

微波炉品牌格兰仕的用人标准是四个字"门当户对"。他们每年招聘毕业生，并不只将目光聚焦在名牌大学上，只要有能力的应聘者，哪怕只是普通学院毕业，格兰仕公司也会给他们提供相应的平台与发展机遇。

领导者应当倾向于选择更有能力和潜质的可培养人才，通过对人才的考察，去寻找有真才实学、有社会生存能力、拥有进取心的人才。就像美国著名汽车制造商福特公司，在提升干部时只凭业绩取人，谁对企业的发展有利就把谁放在重要的位置；而素有"硅谷常青树"美称的惠普公司，亦是如此，它只问员工能为公司做什么，而不是强调从哪里毕业、有什么背景、目前在什么位置上，等等，一切按员工的实力说话。

作为一个领导者，你的主要工作就在于用人，因此只要是人才，你就不应该管他是大人物还是小人物，都一概视之，而且在一群普通人里把人才挑选出来，也会给你带来意想不到的收获。

一个聪明的领导者是不会只凭身份的高低、履历的好坏去评价一个人的，他们会从正常、平等的角度去看待公司员工，做到对小人物不"藐视"，对大人物不"仰视"，平等对待两者，由此也才能网罗更多的人才。

6.大胆起用新人

比尔·盖茨一次在接受福布斯杂志采访时被问到为什么微软能够一直保持活力，他说："对我来说，大部分快乐一直来自我能聘请到有才华的人，与之一道工作。我招聘了许多比我年轻许多的雇员，他们个个才智超群，视野宽阔，必能更进一步。如果能够利用他们睿智的眼光，同时广纳用户进言，那么我们就还会继续独领风骚。"

"对上级谦恭是本分,对同级谦逊是和善,对下级谦虚是高贵,而对所有人保持着谦敬的态度则是安全。"这句话告诉我们,不要看不起任何人,哪怕有的人身份没你的高、经验没你的多、资历没你的丰富,也不能因此对人有任何偏见。因为,说不定那些在某个领域是"新人"的人,有些时候也会做出比其他人更好的成绩来。

在企业里,不少领导者往往偏向于任用那些成熟的、老道的、有经验的人,他们认为,任用这些人对于自己来说风险是最小的。而年轻人往往行事鲁莽,而且他们经验等方面还十分欠缺,所以应该先派他们到基层去锻炼锻炼。

因此我们看到,无论是在企业还是在机关,几乎所有处于领导阶层的、负有重要责任的位置,都是为一群年龄大的"经验人群"所占据,而年轻人则只坐在一旁的冷板凳上。

这种保守的做法固然有着优势,在很多问题的处理上可以给领导者省去很多不必要的麻烦。但是,他们也存在着普遍的毛病,比如缺乏冲劲,处处谨小慎微,没有打破常规的胆量和接受新事物的气度,这对于一个不断发展的企业来说是非常大的弊端。

1992年,美国托马森酒店董事长托马森经过一系列仔细甄选,任命了一批年轻人,并大胆地将他们委派到该集团各下属分支酒店,担任总经理一职。

该董事长的这一行为不仅遭到了集团内部领导层的反对,还招致同行的嘲笑,因为这批年轻人的平均年龄只有不到30岁,学历也普遍不高。他们之中有的来自管理层,有的来自业务线,有的甚至来自文员等岗位……这样一批要经验没经验、要资历没资历的人,如何能担当得起振兴酒店的大任?

但托马森本人却坚定不移,他说:"不管年轻人会不会游泳,先把他推下游泳池,他们就自然能学会游泳了。"

果然,这些被"推下游泳池"的年轻人慢慢地学会了"游泳",在当时美国酒店迅速发展并竞争激烈的情况下,托马森酒店成了美国中小型商务酒店中的佼佼者,总资产超过15亿美元。而这样辉煌的成果,是与董事长托马森大胆起用新人的做法分不开的。

2010年美国著名商务杂志《飞快公司》的编辑艾伦·韦伯曾说过这样一句话:"有经验的被赶走,没经验的站住了脚。"它真实地反映了在管理领域出现的问题,领导者偏袒那些有经验的员工,这让很多新人感到非常不安和不公平,但是他们又无可奈何。

对那些真正有才华的年轻人,领导者就应该把他们当作能够独当一面的大将,委以重任,让他们有机会去表现自己的能力,即使给他们的任务超出了他们的能力也无妨,因为这样反而能够激发出他们的潜能和热情,迫使他们做出更大的成绩。

法国欧莱雅集团每年要在全球招聘1900名左右的管理人员,其中46%是刚刚毕业的大学生,10%的人仅具有初步工作经验。

曾任欧莱雅中国分公司全国招聘经理的程蕾就应欧莱雅总部之邀,到法国接受过为期一年的培训。欧莱雅公司首先从一家私人学校高薪聘请了法语老师,对她进行一对一的语言强化训练,然后安排她到欧莱雅总部的不同部门轮流实习,并为其承担在法期间的所有费用。对一名来自中国的年轻职员进行如此高投入的培训,这在法国公司中极为少见。

程蕾说,自己作为一名英语专业的毕业生,之所以放弃一家美国公司的优厚待遇而进入欧莱雅,就是因为"这里的年轻人非常受重视"。

可以说,欧莱雅中国分公司在短短几年中从100人发展到3000人,这在很大程度上归功于公司"大胆起用年轻人"的人才战略。

众所周知,凯迪拉克一直被认定是最具有创造力和汽车审美的企业,原因就是他们的招聘指标中并没有工作经验一栏,甚至,他们更加欢迎那些没有经验,却喜欢异想天开的人物。这就给企业领导者善意地提了一个醒:如果想让你的员工像凯迪拉克的员工一样富有创造力,用人时就抛开那些"有经验者优先"的条件,兴许那些没经验的"小白"能带给你天大的惊喜,让你的企业充满活力,让你的管理富有成果。

当然,领导者在起用员工时不能以工作经验和技能熟练程度为标杆,但也不能完全忽视这些,最好的办法就是让员工在感兴趣的岗位上工作,不盲目地推崇经验,也不要"弃之如敝屣"。招聘来的员工符合企业的发展需求,人岗匹配性达到最优化才是王道。

7. 宁用有德愚人,不用无德小人

美国哈佛教授、著名医学专家罗伯特·科尔斯曾经提出一个"德商"的概念,它是指一个人的道德人格品质,包括体贴、尊重、容忍、宽容、诚实、负责、平和、忠心、礼貌等各种美德。

有人说:"智商决定一个人的学习能力,情商决定适应环境的能力,而德商则决定了做人的能力。"如果忽略了良好德商的塑造,将来很容易导致高智商、低成就,甚至误入歧途。因此,科尔斯教授认为,品德胜于知识,一个高德商的人,会赢得更多的信任和尊重,拥有更多的发展机会。

俗话说："有德有才是正品，有德无才是半成品，有才无德是危险品，无德无才是废品。"如果德行不足，那么才华越大，他对社会的危害性也就越大。

有一个年轻人大学毕业之后去德国留学，过了一段时间他发现，德国当地的公交系统的售票处是自助的，你想到哪个地方，根据目的地自行买票，车站几乎都是开放式的，不设检票口，也没有检票员。在这种情况下，乘客要是想逃票的话，被发现的概率是微乎其微的。

他发现了这个管理上的"漏洞"之后，心中非常高兴，从此之后，他便经常逃票上车。果然只被发现了寥寥数次，而且发现了之后，也没有什么惩罚，只是补上了票钱。

几年之后，这个年轻人以优异的成绩从大学毕业了。凭着自己的成绩单，他踌躇满志地踏上了求职之旅，向一些有招聘需求的公司投递了简历。但这些公司都是先热情有加，然而数日之后，却又都是婉言相拒。

一次次的失败，使他愤怒，他觉得对方不招收他，是因为排斥他是个外国人。于是在一次面试失败之后，他冲进了公司人力资源部经理的办公室，要求经理对于不予录用他给出一个合理的理由。

那位负责招聘的经理说："老实说，从工作能力上，你就是我们所要找的人。但是我们查了你的信用记录，发现你有三次乘公车逃票被处罚的记录。"

年轻人非常不解："我不否认这个。但为了这点小事，你们就放弃一个优秀的人才？"

"不,"那位负责人说,"我们可不认为那是小事。你虽然有很高的智商,但你不诚实,所以你不值得信任。我们的公司其实也像公交系统那样,没有太多的监督机制,所以我们没有办法雇用你。"

《世说新语》中有一句话叫作"小胜靠智,大胜靠德"。如此简短的一句话,却揭示出了一个深刻的道理:一个人的成功固然要靠聪明才智,但更重要、更根本的是靠优秀的品德。一个人徒有才智而没有高尚的品德,是成不了大器的,才智是靠道德来约束和驾驭的,越是有才能越是需要更高的道德修养。

德是事业成功的核心。所谓德,体现在具体的工作中,即高尚的职业素养和优良的品德。为医要有医德,所谓医德即救死扶伤;为师要有师德,所谓师德,即为人师表;为商要有商德,所谓商德即诚实守信;为官要有官德,所谓官德,即廉洁勤政。

美国一所私立学校开学的第一天,全体教师都收到了校长的一封信。信中这样写道:

亲爱的教师们:

我是集中营里的幸存者。我目睹过许多一般人看不到的画面:毒气室由有学识的工程师建造;孩子被受过教育的医生毒死;婴儿被训练有素的护士谋杀;妇女和孩童被受过高中或大学教育的毕业生射杀……所以我怀疑教育。

我的请求是:希望你们帮助学生做一个有人性的人。永远不要用你们的辛勤劳动,去栽培孕育出学识渊博的怪兽、身怀绝技的疯子,或者是受过教育的纳粹。

第四章 知人善任，用对人才能做对事

正所谓"德是立身之本"。我们从小受到的教育是"德、智、体、美"全面发展，德一直是被放在第一位的，先立德再言智。可见我们对德的重视程度。因为只有培养优良的品德，才能树立正确的世界观、人生观和价值观，才能正确地权衡权力、地位、利益和奉献的关系，才能模范地遵守政治品德、职业道德和社会公德，才能高瞻远瞩、防微杜渐，最终把自己的聪明才智正确地运用到工作当中。

《资治通鉴》中有这样一段话："才德全尽谓之圣人，才德兼亡谓之愚人，德胜才谓之君子，才胜德谓之小人。凡取人之术，苟不得圣人、君子而与之，与其得小人，不若得愚人。何则？君子挟才以为善，小人挟才以为恶。挟才以为善者，善无不至矣；挟才以为恶者，恶亦无不至矣。愚者虽欲为不善，智不能周，力不能胜，譬之乳狗搏人，人得而制之。小人智足以遂其奸，勇足以决其暴，是虎而翼者也，其为害岂不多哉！"翻译过来的大意是，德才兼备称之为圣人；无德无才称之为愚人；德胜过才称之为君子；才胜过德称之为小人。挑选人才的方法，如果找不到圣人、君子来辅助自己，与其得到小人，不如得到愚人。因为愚人即使想作恶，因为智慧不济，气力不胜任，好像小狗扑人，人还能制服它。而小人的心机足以使他的阴谋得逞，他的力量又足以施展他的暴虐，这就如恶虎长了翅膀，他的危害就大了。因此我们宁用愚人，而不用小人。

第五章

高屋建瓴，眼光长远掌握趋势

1. 人无远虑，必有近忧

比尔·盖茨是一个国际性的焦点人物，他能白手起家，从一个哈佛辍学生变成一位功成名就者，最重要的一点就是他有着超凡的"远见"。

为了自己理想的事业，比尔·盖茨在哈佛读二年级时请了一个长假。这个假实在是太长，直到33年后，他才重新回到哈佛拿到学士学位。

当初比尔·盖茨开始了他的研发创业之路时，由于硬件昂贵，软件都是跟着硬件卖的。但比尔·盖茨却始终坚信计算机的软件和硬件会分离成不同的两个产业，并断言：计算机软件将会是个巨大的商业市场。

他的断言是正确的，于是便有了今天的比尔·盖茨和微软公司。

有人说，成功者必有其成功的必然，就如微软的成功因为比尔·盖茨，比尔·盖茨的成功因为其远见。盖茨能放弃学业、放弃文凭，是因为其最初的远见和自信。的确，在那个年代，少有人能看清楚"每一家庭每张桌子上都有一台计算机"，更少有人有勇气不把赌注压在微型计算机的硬件发展上而去开发软件。

许多企业总是在生存线上挣扎的很大原因是因为领导者没有未雨绸缪，缺乏超前意识。人无远虑，必有近忧。作为一个企业的领导者，必须要有足够的超前意识，以及一定的预测能力，只有这样才能时时保证公司一直向着光明的方向发展，也会在其间抓住更大的机遇。

如今，在一个充满竞争和变革的时代，不具有忧患意识的企业领导者绝对不可能称得上真正合格的领导者。只有对公司的成功与失败具有远见卓识，并时时刻刻能够意识到危机，领导者才能率领员工共渡难关，才会使下属充满信任和尊敬，才能增强领导能力。

在沃尔玛成立之初，沃尔顿决定在小城镇建设大型卖场，并提出"天天低价"的战略。那时候很多人都认为沃尔顿是一个愚蠢的家伙，因为这样的销售策略势必会令这个还没有多大起色的小企业死得很惨。

但令人瞠目结舌的是，沃尔玛在"天天低价"中以超乎人们想象的速度发展壮大。如今，它已在全球500强企业中名列前茅，其家族也是世界上最富有的家族之一，其公司的雇员人数使其成为全球最大的非政府组织。

不可否认，正是老沃尔顿有着这样的远见——他看到美国乃至全球市场对低价产品的追求这一机会，而将其抓住并充分利用，沃尔玛才会发展得这样迅速。

远见，就是在他人认为可能不是机会的时候，有人感觉这将大有潜力；远见，不是看到明天会不会下雨，而是看到几十年后的发展趋势。普通人只能随波逐流，而有远见者能抓住稍纵即逝的机会。

另外，远见还可以理解为领导者所必须具备的一种忧患意识。无论一个公司取得多么大的成功，创造了多大的财富，都别放下危机意识，作为一个企业领导者，危机感是必要的一种意识。

一个团队的成长和成熟，很多情况下，依赖于团队成员自我要求的不断提高和改进，危机感在其中起了很大的作用。"生于忧患，死于安乐"，只有当每个团队成员都有危机感的时候，才能知道团队和项目面临的危险，才能知道自己的不足和需要改进的地方，才会更有目标地主动改进。

没有危机意识的领导者，带领出来的必然是一支慵懒的、骄傲而不可一世的团队，他们故步自封不思进取，永远不会给企业带来应有的效益。因此，在危机感的培养中，作为一个领导者，理应有着不可推卸的责任。

2. 不谋全局者，不足以谋一域

当第二次世界大战爆发时，时任美国总统的罗斯福决心让美国参战，打败侵略者。

可是，身居美洲的美国广大民众，看到战场远在欧、亚，并没有危机感，他们觉得，这场战争与自己无关，无须搞得如此紧张。鉴于此，美国军方并没有意识到日军已经把侵略重心从陆上转到海洋，而美军在太平洋的军事基地已成为首选目标。于是，就有了后来的珍珠港偷袭事件，港内美军毫无戒备，损失惨重。

美国海军在挨打中清醒过来，全军上下行动起来：战略部门总结教训，修订战略；情报部门日夜监视，观察、分析敌情；作战部队严阵以待，真正做到有备无患。由此，在日本海军想故伎重演偷袭中途岛时，结果是胜负易位，出现大转折。

第五章 高屋建瓴，眼光长远掌握趋势

美国著名的管理学家切斯特·巴纳德曾在他的代表作《经理的职能》一书中提及"企业是一个物质、生物、个人和社会几个方面因素构成的综合系统"。

不谋全局者，不足以谋一域。一个人要想成为一个成功的领导者，就必须增强大局意识，即看清企业整体的形势和局面。当企业遇到管理危机或是发展机遇时，领导者就必须注重工作的全面性和系统性，做到讲全局、懂全局、谋全局，如此才能引领企业开辟新的格局。

20世纪80年代，美国人民捷运航空公司董事长伯尔，在创建公司之初发现一个现象：由于机票价格太贵，以致许多人承受不起。于是，他灵机一动，抓住这个难得的机遇，采取一系列整改措施，在一定程度上简化购票与服务内容，所聘用的职工多半是兼职。

这样做的结果是，由于付出的费用很低，机票的价格也相应地下降了三成。结果，客流量猛增，公司的规模随之不断地扩大，很快，公司的飞机由先前的3架增加到60架。

但是不久之后，董事长伯尔就开始担心自己平民化的飞机抵不过大亨的豪华座驾，生怕会跟不上时代节奏而落伍。于是，他又投巨资改装飞机，然而不到两年就赔了100多亿美元，不得不宣告破产。

下过围棋的人都知道，往往落下一子之前要反复思量，否则一着不慎，满盘皆输。所以，在围棋中，最重视全局意识，讲究整个全局和每个局部招数的协调。

一个企业的管理也是如此，大的方针政策上要保持一致，不然，就没有一个整体的概念，有进攻有防守，相互协作，最后赢得整个战争的胜利。所以，一个优秀的领导者，做每一件事情，必然不会丢弃全局意识。

"螳螂捕蝉，黄雀在后"的典故大家都已耳熟能详，它同时也说明了，凡事考虑不周全，就很有可能陷入更大的危险中。领导者统筹全局的意义在于，可以使自己审时度势，科学揣度、利用形势，不被固有的经验所套牢，从而作出最具有发展的决策。

20世纪80年代，美国的可口可乐公司面临困境时，主席葛施达曾做了两项令人瞠目的决策：一是花费巨款买下哥伦比亚电影公司；二是花大价钱租用电台城的音乐厅。而正是这两个决策，帮助可口可乐公司走出了困境。站位全局，不单单是一种思维方式，更是一种工作方法，讲究整体大于部分之和，是一盘棋的思想，要知道"思大事不辞为小事，做小事胸中有大局"的道理，才能有效避免胡子眉毛一把抓的情况发生。

1997年，东南亚发生经济危机，快速席卷了各大小公司。而在此期间，马来西亚的芒克公司却立足全局，镇定自若，采用"休眠法"迅速地度过了危机，走上了正常发展的道路。

芒克是一家经营房地产的公司，而在这次经济危机中，泰铢突然贬值，房地产业首当其冲是最大的受害者。

当时，芒克公司资金周转遇到困难，银行贷款又必须立即偿还。面对这样的严峻形势，芒克公司作出了一个决定：一方面，大幅度缩小公司规模，裁减员工，停止业务，使公司进入休眠状态；另一方面，芒克的高级经理人员却一个都没有裁减，相反还给予优厚的待遇，让他们在家里好好休养生息，或参加培训，着手准备公司的东山再起。

之所以要进行这样的大整治，是因为芒克公司明白，这些高级经理人才是公司的核心，公司的核心保住了，公司的前途和命运也就保住了。

第五章　高屋建瓴，眼光长远掌握趋势

一年后，金融局势逐渐稳定，芒克公司在业内最先摆脱困境，更早地恢复了正常的经营。

当危机来袭，作为企业领导者，只有树立了大局观，才能更好地紧扣时代脉搏，正确处理个人与企业、局部与整体、现在和未来的关系，并能积极深入谋划发展，以此来增强创造力，带领好团队去拓展工作，创造辉煌的业绩。

世界管理界普遍流行这样一句名言：对于一个领导者来说，知识不如智力，智力不如素质，素质不如觉悟。市场情况千变万化错综复杂，只有敏于大事、善抓关键，既要坚持通盘考虑，要把主要精力放在那些有关全局的重要节点上，又要紧紧抓住那些"牵一发而动全身、布一子而活全局"的重点工作和关键环节，这样才能突破障碍，赢得最后的胜利。

3. 要能"走一步看三步"

比尔·盖茨的成功，不仅因为他是计算机天才，还因为他独具经商的眼光。

他具有与众不同的长远眼光，用预测来指导科研。当时，还在大型计算机垄断市场的时候，比尔·盖茨就说："我们的目标是让每一个办公桌上以及每一个家庭都拥有计算机。"

比尔·盖茨创办微软，公司的宗旨是：要为各种各样的微型电脑开发软件。到如今，几乎全世界都在使用微软操作系统。作为公司的领导者，比尔·盖茨会很好地把握将来的用户，并执着地坚持信念。

擅长下棋的人有句行话，叫"走一步看三步"。笔者虽然对棋道不通，但

哈佛领导课

也略知其含义,即每走一步都要有前瞻性。

市场如弈棋,变化是常理。在变动的环境与市场中,商机层出不穷,关键是我们要有眼观六路、耳听八方的灵敏度,有善于思考问题、深入考察市场的能力。只要有了这些,就能从市场中抓住商机、抓住机遇,选择有市场发展前景的好项目,取得"走一步看三步"的好效果,谋求更大发展。

能够抢占市场先机者,大多是具有前瞻性的企业家。他们不但想到眼前的效益,而且能考虑到未来的发展前景,使企业始终站在引领经济发展的前沿阵地,这样就会获得巨大的发展空间,取得良好的经济效益。

巴尔扎克说:"每个人一生都有一个顶点,在那个顶点上,所有的原因都起了作用,产生了效果。这是生命的中午,活跃的精力达到了平衡的境界,发出灿烂的光芒。"一个人的眼光,往往对这个"顶点"在起重要作用,眼光决定事业的成败。

人的眼光的能量是巨大的,人的远见带来的结果是非凡的,一个高超的决定,一个睿智的策略,都会带领一个人走向成功,带领一支团队走向胜利。对于一个企业决策者来说,眼光的好坏大小,可以引来困扰和麻烦,也可以带来事业的巨大成功。

眼光的高度,决定了你跳的高度。对于一个企业的领导者,一定要高瞻远瞩,一定要有眼光,跳出现在和眼前的利益,追求未来的和长远的利益,这样超越自我并实现自己的目标,才能立身扬名、成就一番事业。

一个明智的领导者,必须学会三思而后行,不仅有朝气有活力,也要有理智有眼光,在工作中保持谦虚谨慎的态度,才能作出正确的决定,才能制止现在的错误。

第二次世界大战期间,"珍珠港事件"爆发后的一天,将军马歇尔正在为排兵布阵而发愁。

第五章　高屋建瓴，眼光长远掌握趋势

这时候，他想到了一个并不知名的陆军上校。于是，马歇尔推开这位陆军上校办公室的大门，他开门见山地问："我们在远东太平洋的行动方针将是什么？"

谨慎的陆军上校听了马歇尔的提问，知道这肯定是要考验自己。但是，这位上校并没有因为想在将军面前表现一番而滔滔不绝，反而诚恳又冷静地答道："将军，请给我几十分钟时间来考虑这个问题。"

事实表明，正是这位上校谨慎的态度，改变了第二次世界大战的最终走向。

当时面对战争局势，马歇尔正在寻找一位能够三思而后行的统帅，正是这位上校，成了马歇尔眼中最好的人选，虽然他没有当过师长军长，没有指挥过一支部队，但是现在的局势需要一位严谨而稳重的统帅。

在此后的四年时间里，这位上校担当起300万大军的统帅，成功指挥人类历史上最大规模的登陆战役，成为五星上将，与马歇尔将军平起平坐。

他就是德怀特·戴维·艾森豪威尔，美国的第34任总统。

犹太人有一句俗话："当傻瓜高声大笑时，聪明人只会微微一笑。"因为喜欢微笑喜欢思考的人，考虑得更长远，他们考虑的是长久的利益。

人的力量在于思考。思考，是一种意志的磨炼，一种品格的锻造。一个成功的领导者，必然是一个稳重而有远见的人。当他们面对机遇，或者面对危险的时候，保持头脑的冷静，三思而后行，最终会引领企业取得事业上的成功。

"目光如豆"是形容一个人近利短视，这是说一个人看不到长远的利益和发展，只看到眼前的蝇头小利，所以这样的人作出来的决定也是平庸的，或者是具有极大危险的杀鸡取卵的行为。

作为一个企业领导者,你的言行、你的决策、你的政策、你的指令,会对整个团队产生重要的影响。一个高明的领导者,总是有一颗淡定平常心,每一步都走得稳健。而且,三思而后行能使我们把犯错的概率减得更低,只有全方面都考虑过了,只有对未来的风险提前预料了,这样才能更加容易地取得成功,就算最后失败了,也会把损失降低到最小。

4. 好的领导者总有清晰的目标

哈佛历时25年,投资300万美元,做了一个关于目标与计划对人生影响的著名调研项目。

被调查者中,27%的人几乎没有目标和计划,每天都是按照自己的潜意识和最低级的欲望来思考和行动。25年之后,他们几乎都生活在社会最底层,生活不如意,穷困潦倒,只能在抱怨社会、抱怨自己怀才不遇中终其一生。

60%的人只有模糊的目标和计划。25年之后,他们几乎都生活在社会中下层,能安稳地生活与工作,但一生平庸无为。

10%的人有清晰的短期目标和计划,这里所说的短期目标和计划主要是指一年之内向着正确方向发展的短期目标和计划。25年之后,他们中的绝大多数成为社会中上层,占据了各行各业的重要岗位,在物质财富积累速度方面是普通人的10~100倍。

还有3%的人,他们不仅有清晰而正确的短期目标和计划,而且还有长期的目标和计划。25年之后,这个极少数群体以极高比例成为行业领袖和社会精英,他们在物质财富积累速度方面是普通人的1000倍以上,在精神财富积累方面更是远远超越普通人。

第五章 高屋建瓴，眼光长远掌握趋势

西方有句谚语："对于盲目的航船来说，所有的风向都是逆风。"此谚语道出了目标对于航程的重要性。很多人说，"做好眼前工作，一步步来嘛"。态度看似很诚恳，但如果你没有一个远期的目标作为导向，注定会走很多弯路，浪费很多时间。

对于每个人来说，没有一个明确的目标，并不能保证成功。那些取得辉煌成就的人，都有一个共同特征，即目标明确，不屈不挠，坚持朝着清晰的目标奋进。

> 法国昆虫学家让·亨利·法布尔经过反复观察发现：毛毛虫在树上的时候，往往排成长长的队伍前进，由一条虫带队，其余的毛毛虫则紧紧跟着。于是法布尔就把一组毛毛虫放到一个圆形大花盆的盆沿上，使它们首尾相接，排成一个圆形。法布尔又在毛毛虫队伍旁边摆了一些食物，如果毛毛虫要想吃到食物就必须解散队伍，不再一条接一条前进。
>
> 法布尔预料，毛毛虫很快会厌倦这种毫无用处的爬行，而转向食物。可结果却是：它们依然有序而执着地循序环行，一直以同样的速度沿着花盆边沿走了7天7夜，直到饿死为止。

一个没有任何生活目标的人，注定要被扼杀在碌碌无为的黑暗生活当中。而对于企业领导者，目标的设定则要更加清晰而无误，因为一个有效且现实的目标，才是企业的发展动力所在。

领导者为企业定下的目标应该清晰地传达给企业的每一位员工，并进而成为公司日常运营的指导准则，这将对企业的总体绩效产生非常重要的影响。

> 有记者采访美国财务顾问协会的前总裁刘易斯·沃克时，提出了

一个有关稳健投资计划的问题。他们聊了一会儿后,记者问道:"到底是什么因素使人无法成功?"沃克回答:"模糊不清的目标。"

记者不甚明白,请沃克进一步解释。沃克说:"我在几分钟前就问你'你的目标是什么',你说希望有一天可以拥有一栋山上的小屋。这就是一个模糊不清的目标,问题就在'有一天'不够明确;因为不够明确,成功的机会也就不大。"

巴菲特从11岁开始买第一只股票,现在80多岁了,还没有改行的迹象。他只做投资,所以被称为"股神"。世界首富比尔·盖茨,这位浑身上下充满传奇色彩的人物谈起他的成功之道时平静地说:"我之所以取得了成功,是因为我一生只选定了一把椅子。"目标管理专家罗伊·史班斯帮助诸如西南航空公司、宝马公司、得克萨斯州大学、沃尔玛等成就了伟大的事业,而他做到这一切靠的是坚持一个理念:目标。但值得注意的是,目标并不是空洞的,一个真正目标必须触达公司中每位成员的内心。如:西南航空的目标是"拥有飞的自由",沃尔玛的目标是"为顾客省钱,提高人们生活质量"。

由此可见,领导者为自己或者为企业定下的目标只有是清晰而现实的,才能有切实实现的可能,否则,一切都将成为空谈。

5. 抢在竞争对手之前判断行业趋势

早在1952年,哈佛就对今天的经济形势作出四个预测:第一,未来的商业形势会比以前更充满变数;第二,各个商业机构之间的竞争会更激烈;第三,竞争严峻的同时,所面临的机遇也会更多;第四,不能对市场变化作出快速反应的人或机构,将会在一到两年内被迫转换领域或退出市场。

第五章 高屋建瓴，眼光长远掌握趋势

我们现今所处的商业经济时代是人类有史以来最富挑战性的时代，真可谓"物竞天择，适者生存"。如果企业领导者不能下定决心排除万难，为赢而战，就会被其他更想赢的对手无情地甩到一旁，淘汰出局。

但凡成功人士，在创业的路程中并不都是一帆风顺的，相反，他们可能遭遇比常人更多的风险，但是他们有着高瞻远瞩的眼光，善于分析风险，并且拥有驾驭风险的能力，这些资本能够使他抢在竞争对手之前就给未来行业趋势做个清晰的判断，从而才能在创业之路上稳步前进。

约翰·甘布士是一家织造厂的小技师，有一年，他所在的地区经济整体陷入了萧条，不少工厂和商店纷纷倒闭，被迫贱价抛售存货，价钱低到1美元可以买到100双袜子。

然而，约翰·甘布士看到这样的情景时，竟然拿出自己所有的钱收购了很多低价货物，并租了一个很大的货仓来存货。当时所有的人都嘲笑约翰·甘布士是个傻瓜，妻子对他的这一行径也很担心。

但是约翰·甘布士安慰妻子说："3个月以后，我们就可以靠这些廉价货物发大财了。"

过了10多天，那些贱价抛售的货物也找不到买主了，便把所有存货用车运走烧掉，以此稳定市场上的物价。面对妻子的抱怨，约翰·甘布士一言不发。

终于，约翰·甘布士等到了美国政府采取紧急行动，大力支持厂商复业。这时，很多货物供不应求，市面上物价一天天飞涨。约翰·甘布士马上把自己库存的大量货物抛售出去，赚了人生的第一桶金。

后来，约翰·甘布士用这笔赚来的钱，开设了5家百货商店，并发展成为全美举足轻重的商业巨子。

哈佛领导课

对于动物来说，它们都是在饥饿时才知道出去寻找食物填饱肚子，在找不到食物的情况下只能挨饿。但人类就不一样，人类能分析自己现在与未来所需摄取的食物量，然后预先准备好食物。从这一点上就可以映射出一个领导者对未来情形的应对行为，就能知道他有无看清某个行业发展趋势的眼光，有无跟上这个趋势发展的脚步的能力。

对于领导者而言，有没有先见之明是影响极大的因素。为了企业正常持续地运转，在现代市场的风吹浪打中立于不败之地，"看清方向，顺应潮流，具有远见卓识"，这是领导者必备的条件。领导者不能单纯只看眼前的利益，还要确定组织发展的方向，为将来做准备，因此领导者必须要有先见之明，也即要有应对未来的具体行为。

具有远见，就会给整个企业带来好处；没有远见，就会总是被落下一步。对未来市场的敏锐洞察力是企业领导者极端重要的素质，领导者的境界是决定企业前途和方向的根本。培养企业家的远见、智慧与精神，是这个时代提出的新课题。

优秀的领导者总能抢在竞争对手之前抓住机会，在问题尚未发展成噩梦之前及时将它解决，从而使自己的组织永远立于不败之地。比如思科（Cisco）公司的约翰·钱伯斯（John Chambers），当因特网泡沫突然破裂时，他立刻意识到思科公司只有两条路可走：要么倾销库存，要么重组。由于钱伯斯反应灵敏，行动迅速，因而思科公司比竞争对手恢复得更快。

总而言之，一个领导者事业的成功，取决于自己的眼光和能力。风险无处不在，机遇也同样无处不在，机会与挑战永远都是对等存在着，只要你胆大心细，就一定能发现危急中蕴藏着无限的商机，等着你去把商机变成滚滚财富。

当然，还有一点需要注意的是，作为领导者，虽然具有应对企业未来发展趋势的能力是必需的，这种能力能使你抢在对手之前判断行业趋势，先下手为强；但如果领导者应对未来的行为过于超前，员工也会跟不上节奏。所以，领导者要做的是：要前瞻未来，还要给员工提出合适的行为指示，使其步伐平衡于现实和未来之间，公司才会有长足发展。

6. 不满足于现状，给自己更大的挑战

2008年9月，哈佛取消了实行近30年的"提前录取"政策，原因是哈佛决心不再做人们眼中的"贵族学校"，而是要以更开放和宽松的姿态来迎接贫困生和少数族裔学生入校。这是一种超越常规的胆识，这也是一种难能可贵的勇气，这样敢于突破自己、挑战规则的做法，就值得各国的各大学府学习和效仿。

约翰·肯尼迪曾经说过："如果你只是知识和学识欠缺，尚可救药，但如果你不懂得奋发向上，那才是真正危险了。"一个因不愿意冒任何风险而什么也不做的人，表面上看是安全的，但同时也失去了收获的机会。很多时候，面对未来多变、不可掌控的环境，不冒险反而是在冒最大的风险。由此，立志要做一番事业的人，千万不能满足于现状，只有给予自己更大的挑战，才能有获得更大成功的机会。

1956年，哈默购买了西方石油公司，决心开始大做石油生意。石油是最能赚大钱的行业，也正因为这一点，所以竞争尤为激烈。初涉石油领域的哈默要建立起自己的石油王国，无疑面临着极大的竞争风险。这一年，哈默56岁。

刚开始付诸行动，哈默就面临着油源这一特大问题。当时，得克萨斯州的石油产量占美国总产量的38%，但却在1960年被几家大石油公司垄断，哈默无法插手；而拥有着丰富石油资源的沙特阿拉伯是美国

埃克森石油公司的天下,哈默难以染指。

后来,哈默花费了1000万美元来勘探石油,却仍然毫无结果。一筹莫展之际,哈默冒险地接受了一位青年地质学家的建议:旧金山以东一片被德士古石油公司放弃的地区,可能蕴藏着丰富的天然气,哈默的西方石油公司可以把它租下来。

当时西方石油公司上下对此建议一片质疑甚至反驳,但哈默没有犹豫,又千方百计从各方面筹集了一大笔钱,并立即进行这一冒险的投资。当钻到860英尺深时,终于钻出了加利福尼亚州的第二大天然气田,估计价值在2亿美元以上。

在商场上,风险和利润的大小是成正比的,巨大的风险能带来巨大的效益。与其不尝试而失败,不如尝试了再失败。作为一个成功的经营者,就必须具备坚强的毅力,以及"哪怕失败也要试试看"的勇气和胆略。很多时候,那些所谓的成功者,未必是比你"会做",而是比你"敢做"。

有句话说得好:"你的薪水只能使你安全地生活,如果要想真正成为富翁,就必须把自己投入到变幻莫测的市场中去。"聪明人是不会安于现状,守着自己的小格子的,他们闯了出去,占领了更多地盘,实现了更多想法,最终成为优秀的领导者。

《时代》周刊曾评价戴尔·卡耐基是除了自由女神之外,美国的又一象征。影响了500多万人的卡耐基,他的成功之路是在不断挑战中度过的。

卡耐基出生在美国的密苏里州一个贫寒的家庭,上学时,由于他表现得不够出色,所以一直引不起老师的重视。但他有着自己擅长的东西,那就是演讲。

成年之后的卡耐基为了生计当过临时演员，跑过业务，做过推销员，但都成绩平平。直到23岁时，他突然意识到，自己不能再这样下去了，他要给自己寻找一个全新的、更大的挑战。

于是，卡耐基选择了自己擅长的领域——演讲。经过一番努力，卡耐基开始在基督教青年会开班授课，但因为不出名，没有多少人来听课。不服输的卡耐基一直坚持不懈，1912年，正式成立了卡耐基训练机构。

坚持不懈的努力使卡耐基的名声越来越大，他所开创的"人际关系训练班"也逐渐遍布世界各地。之后，卡耐基成了美国乃至世界著名的心理学家和演讲家。

拿破仑曾经说："有时候胆识就是智慧。"无论作为创业者、企业家或任何一个想要在事业上有所成就的人，都离不开胆识。当年比尔·盖茨放弃哈佛学业，白手起家创办微软，是何等的胆识和行动力；迈克·戴尔同样是勇敢退学创建了戴尔公司，成为美国最年轻的亿万富翁……他们之所以有今天的业绩，就在于他们不满足于现状，敢于冒险，敢于行动。

当然，有勇无谋那就另当别论了。正如卡耐基所说："对于成功的企业家来说，冒风险的前提是明了胜算的大小。作出冒险的决策之前，不要问自己能够赢多少，而应该问自己输得起多少，一点儿把握都没有就盲目地去冒险，那你的胆量越大，赌注下得越多，损失也就越大，离成功就越来越远。"

由此看来，在敢于为自己设定新挑战的同时，还要事先进行一番缜密而现实的策划，才有成功的把握，不至于铩羽而归。

7.时刻把危机意识放在心头

在哈佛,紧张的生活节奏给学生们灌输了一种"不断进取"的意识。而且,哈佛的学习、训练和作息安排得非常紧张,使学生没有时间去消遣和放松自我。因为在哈佛的理念中,落后就意味着死亡。

这样紧张的节奏从哈佛学子入学的第一天一直持续到最后一天,在此期间,他们唯一要做的,就是向着目标勇往直前,不给对手任何赶超的机会。就像赛车,要想比对手跑得快,你就要时刻保持着危机意识,付出更多的努力,掌握更大的主动权。

当下,最大的危机是没有危机感,最大的陷阱是满足。市场竞争的游戏规则是优胜劣汰,强者为"王",弱者为"寇"。如果认识不到危机,就会给你致命一击。"我们离破产永远只有18个月。"——语出微软总裁比尔·盖茨。正因为他给微软员工时刻灌输着如此强烈的危机意识,才一手带领他卓越的团队,创造出了强大的微软帝国。

吉姆·古德温是哈佛教授,也是《动物世界》的重要撰稿人。他曾经在欧亚大草原上生活了三年,多次近距离地对狼进行观察和研究。他在自己的著作中阐述了这样一个道理:在这个瞬息万变的时代,竞争激烈到了前所未有的程度,没有危机意识就会面临"杀机",时刻保持危机意识就会迎来"生机"。

一个年轻的赛车手第一次赛车完毕之后,拿着相当满意的成绩兴冲冲地回家向母亲报告:"妈妈,这次赛车我得了第二名,您知道吗,总共有35辆车参加比赛呢!"

"这值得高兴吗?"母亲头也不抬,说得很平静,"要我说,你输了，输得很彻底。"

听到母亲的奚落而不是赞扬，赛车手很是沮丧，但仍抗议说："妈妈，你不认为第一次就跑第二是很了不起的事吗?而且有这么多辆车参加比赛。"

"你用不着跑在任何人后面。如果别人能跑第一，你也能!"母亲严厉地说。

这句话深深刻进了儿子的脑海。

在接下来的20年中，他努力拼搏，称霸赛车界，成为赢得奖牌最多的赛车选手，他的许多项纪录到今天还保持着，没人能打破。他就是理查·派迪。

企业是否具有危机意识，关系着企业应对环境变化的反应能力。一个组织越是满足于过去的成就，就越容易忽略竞争环境的变化而丧失危机意识。所以，我们的企业应时刻有"生于忧患，死于安乐"的危机意识。

20世纪50年代末期，外国汽车开始进驻美国底特律。但这并没有受到底特律汽车制造商的重视，他们觉得买外国车的人都是爱表现的名校大学生而已，他们完全忽略了外国车的设计、制造品质以及对消费者的吸引力。而他们的竞争对手却通过创新，在汽车行业中开创了一个新的局面。结果是，底特律丧失了汽车业的盟主宝座。

危机意识建立在这样一个基础认识上：我们的头顶都高悬着达摩克利斯之剑。对于每个团队或组织来说，有"危机"是必然的，"危机"是每时每刻都存在的，有危机不可怕，没有危机意识才可怕。

我们常说"未雨绸缪"，但真正能做到的却不多。人天生有一种惰性，不到迫不得已都不愿意去做。而一个领导者失去了危机意识，就会失去工作活力。对于领导者而言，应时刻保持面临着危机的心态，才能做到临危不乱。

斑马从不曾忘记奔跑,因为它知道只有跑得快才能获得生存;蚂蚁一入秋就开始不停忙碌,因为它知道只有积累得多才能度过寒冬。自然界的生物尚知晓居安思危,更何况是一个人甚至是一家企业呢?

机会永远是留给有准备的人的,这话一点不假。在企业领导者具备危机意识的基础上,同时还要将这种危机意识灌输给员工,提高员工对危机发生的警惕性,使危机管理落实到实际行动中,做到防微杜渐。因为只有全员参与和形成危机文化,才有可能在根本上遏制和处理危机,也才能时刻想方设法保持前进的动力,奔跑在探索的道路上。

第六章

善于工作,琐事不管大事拍板

1. 不值得的事坚决不做

当一些人到哈佛商学院学了 MBA 那些看似很了不起的课程后,才发现有一门课程对人启发很大,它就是时间管理。管理学中有个著名的"不值得定律",这个定律告诉我们:一流的人做一流的事情,不值得做的事情,坚决不做。

这个定律似乎再简单不过了,但它的重要性却时时被人们疏忽,尤其是那些企业领导者,往往大事小事统统大包大揽,到头来自己累得不行,却发现许多相当重要的事情竟然还没有办妥,实在令人头疼。

最聪明的人不是对任何事都上心并且不遗余力地解决的人,而恰恰是那些对无足轻重的事情无动于衷的人,他们具备无视"小"的能力。这就像你在向前奔跑时,忽视掉路边的蚂蚁与青蛙,眼里只有终点的那个目标一样。

查理斯·舒瓦普是在美国相当有名并享誉全世界的伯利恒钢铁公司总裁。虽然伯利恒公司在舒瓦普的领导之下取得了不凡成绩，但他却总是在时间管理上犯愁。比如，他觉得公司里所有的事情都不可忽视，都是值得重视的，所以每事必做，结果往往一天下来依然有许多事情还没有得到解决。

舒瓦普去请教效率专家艾维·利，问他怎样才能把公司管理得更好。

艾维·利递给舒瓦普一张空白纸，说："在这张纸上写下你明天要做的最重要的六件事，并且用数字标明每件事情对于你和你的公司的重要性次序。"

舒瓦普照做之后，艾维·利又说："现在把这张纸放进口袋。明天早上第一件事情就是把这张纸拿出来，做第一重要的事情。记住，不要看其他的，只看第一重要的事情。着手办第一重要的事情，直至完成。然后用同样的方法对待第二重要的事情、第三重要的事情……直到你下班为止。如果你只做完第一重要的事情，也不要紧。要记住，你手头上在做的，总是最重要的事情。"

艾维·利继续说："此后的每一天都要这样做。你对这种方法的好处深信不疑之后，就可以安排你公司的员工也这样干。这个实验你爱做多久就做多久，然后给我寄支票来，你认为值多少就给我多少。"

两人的整个会见历时不到半个钟头。几个星期之后，舒瓦普给艾维·利寄去一张2.5万美元的支票，还有一封信。信上说，从钱的观点看，那是他一生中最有价值的一课。

五年之后，这个当年不为人知的小钢铁厂一跃成为世界上最大的独立钢铁厂，而究其原因，艾维·利提出的方法功不可没。

艾维·利这个价值2.5万美元的方法其实可以用一句话来概括：只做最

重要的事情，因为它是最值得做的事情。

早在1968年，美国麻省理工学院一位研究人员就对时间的利用问题进行了一次大规模的调查研究。他先后调查了美国3000名职业经理人，从中发现，凡是成功的经理人都能做到这样两点：一是限定自己的工作范围，不把手伸得过长，把职责内的工作尽量做好；二是合理安排时间，使时间的浪费减少到最低限度。

很多人的习惯就是觉得每一件事情都很重要，每一件事情都需要完成，即便是一件很小的事情，也要反复研究对比半天。但实际上事后仔细一分析，这件事情对他今天的工作是无关紧要的，根本不值得花很多时间去处理。

著名编剧家西蒙的每部剧作都堪称经典，当人们赞叹他的过人才能或智慧时，他却说，成功没有秘诀，只是在写每一个剧本之前，他都会先问问自己：在保持故事原则性的前提下，能够将剧本中人物形象表现得淋漓尽致，那这个剧本究竟会有多好呢？——第一种，很好，值得花费两年的心血去深入构思创作；第二种，还行，但是没太大意思，不值得耗费太多的精力；第三种，垃圾，俗套，根本不值得一写。正因为在做事以前有这种好习惯，认真考虑事情是否值得做，才让西蒙从来没有为不值得做的事浪费时间，而将有限的精力全部投入值得做的事业中去，最终取得了成功。

作为领导者，工作中有太多的事情都不值得我们去做，如果眉毛胡子一把抓，岂不会累死人？

不是每件事都值得去做，成功的秘诀是抓住重要的目标不放。很多事情只不过是在浪费我们的时间、精力和生命罢了。一流的人做一流的事，很多时候，做一件正确的事情，要比正确地做十件事情重要得多。

2. 管理越少越好

哈佛商学院曾经流行这样一个问题：如果你是商学院的一名学生，按学校规定在外地进行调查。学校下通知说，在3月1日之前要你邮寄回一份报告，超过期限将不予受理，并取消成绩。你忘记了期限，到3月2日才想起来，你该怎么办？

这个问题的答案很简单，鉴于学校是认定邮寄期限的，你只需去邮局请工作人员给你盖上昨天的邮戳。

这样看似一个与"管理学"无关的问题，却恰到好处地映射出了企业管理上的某些关键点——目标。管理其实很简单，最重要的是要明确你的目标是什么，在给定目标的情况下，就是想尽一切办法达到这个目标。没有目标，谈不上管理。

对于每个企业领导者来说，最宏大的愿景莫过于在自己不是太过劳累的情况下，员工们都能恪尽职守尽心尽力，公司运营得正常而顺利。这个想法其实很容易实现，但偏偏有许多领导者却做不到。最常见的现象是，他们常常把自己累得半死，事情仍然还是个烂摊子。

尤金·杜邦是美国著名的杜邦公司的第三代继承人。他在掌管杜邦公司之后，坚持实行一种"恺撒式"的经营管理模式，将公司的管理权力牢牢掌握在自己手里，凡事事必躬亲、大包大揽，公司的所有主要决策和许多细微决策都要由他独自制定，包括开具支票、签订契约、跑遍全国为公司做市场调查，等等。

尤金的绝对式管理，使杜邦公司组织结构完全失去弹性，很难适应市

第六章 善于工作，琐事不管大事拍板

场的变化，在强大的竞争面前，公司连遭致命的打击，濒临倒闭边缘。

与此同时，尤金本人也陷入了公司错综复杂的矛盾之中。1920年，尤金终因体力透支而去世。其合伙者也都心力交瘁，两位副董事长和秘书兼财务部长相继累倒。

有时，最终将领导者击垮的不是那些看似灭顶之灾的挑战，反而是一些微不足道的小事。追其根由，就在于企业领导者不善于授权。这也足以说明，合理授权对于领导者实现企业目标至关重要。

企业的发展固然需要解决很多问题，如远景规划、经营决策、人力资源管理和企业文化建设等，都是左右着企业发展的重要命题。但领导者却没必要对每个大小事都绞尽脑汁亲力亲为。少一些管理，制定好大的发展方向，其余交给下属去完善和具体实施就可以了。

通用电气公司的掌舵人杰克·韦尔奇，其管理方式对全球企业界都有着巨大的影响。在韦尔奇掌管通用时期，只要通用电气推行某种新的管理方式，美国的其他企业就会擦亮双眼，趋之若鹜。

20世纪50年代，在韦尔奇的坚持下，通用电气推行分权制。在韦尔奇看来，通用电气的管理层管得太多了。于是，他决心抛开所有的教科书，构建起一整套关于管理的全新原则。

或者，更精确地说，是如何"不管理"的理念。所以，他一直在强调，管理越少越好。

韦尔奇明确地表明态度，他希望管理层管得更少，更少地监控或是监督员工，而要给予员工更大的自由度。他希望公司的更多决策来自更低的管理层级。

对于韦尔奇来说，"管得越少"就意味着通用电气的领导者拥有

了更多的时间来思考更核心的事项，同时也变得更富有创造性。

渐渐地，韦尔奇感觉到，公司的领导者变得越来越乐于助人，而且他们同时也有了足够的时间和空间来帮助通用电气提升到更高的境界。

杰克·韦尔奇说过："如果团队的大部分人是在被迫前进，那么这无疑是一种失败。管理只有建立在引导之上，而不能将引导建立在管理的基础之上。"任何时候，管理和引导都是缺一不可的，单纯的管理和引导都不能发挥出作用。

作为一个领导者，面对很多有才华的下属，不妨大胆地把事情交给他们来办理，这样，既有利于增强下属的责任感，又能充分发挥他们的积极性和创造性。正如韦尔奇所说："管理的关键在于发展和培养伟大的领导者。假如你不给人们机会去试一试，你永远也不会知道他们能走多远。"

领导层级的减少，意味着管理跨度增大，我们不可能管理得更为细致，但是管得越少，恰恰效果越好。

3. 不要什么事都亲力亲为

比尔·盖茨曾说："我一生中最大的转变不是我从哈佛退学创业，而是我学会从一位工程师变成一位领导者，如果我没有那么做，就不会有现在的微软公司。"

这句话很好理解，因为计算机编程是很复杂很费时的工作，一套基础的Office系统，就要耗费几千名软件工程师数年的时间，如果这些工作都交给盖茨一个人来做或者监督，那么恐怕今生今世我们也看不到Office问世的那一天了。

第六章　善于工作，琐事不管大事拍板

主管工程师不会亲自做基础设计；医生不会整天忙着帮护士给患者打针吃药；世界级大企业的CEO也几乎不会亲自督促各部门的员工好好工作……当一个人一步步走上更高的职位时，别人会期盼他去构思更宏伟的蓝图，去策划更伟大的项目，而不是在细节上斤斤计较——哪怕他本来就是一个很注重细节的人。

在战争中，士兵所要做的事就是在战场上冲锋陷阵、勇猛杀敌，而将领所要做的事就是统兵布阵，运筹帷幄。如果二者不能各司其职，情形势必一片混乱。反映在我们今天的各个组织或团队中就是，如果一个领导者总是事必躬亲的话，那么就会越俎代庖，这就犯了管理的大忌。

历桑德罗是葡萄牙首都里斯本一家私人导游公司的老板，手下员工近百名，他的工作就是每天应付数不清的报告和文件，当然这还不包括月会、周会和接待临时到来的客户等。他经常抱怨说自己就是天生的劳碌命，再多长几双手、多长几个脑袋也不够用。

实际上，历桑德罗在公司内的角色是"管家婆"而非领导者。这样的生活让历桑德罗实在是难以忍受。终于有一天，他发起火来，把所有来请示工作的人通通关在门外，把所有无意义的文件抛出窗外。他让下属自己拿主意，不要来烦自己。没想到这一权宜之举却带来了很好的效果，他的工作少了不说，员工的积极性也高了，公司的盈利与日俱增。

这令历桑德罗恍然大悟，原来自己一直在一个不属于自己的误区里徘徊。从此以后，他开始逐步进行授权行动，小事情都让下属自己拿主意，大决定才会亲自督促。这一决策彻底把他解放了，从那以后历桑德罗不但有了读小说、看报纸、喝咖啡、锻炼身体的时间，而且还经常能够带着太太出去旅行，生活惬意极了。

常言道：筷子夹菜勺喝汤。在企业中，每一个人都扮演着一个特定的角色，都应该从事这个角色所应该做的事情。如果一个人不能清醒地认识到这一点，总是将手伸到别人的地盘上，越俎代庖，那么他在企业中势必会举步维艰，难以在事业上得偿所愿。

现实中，很多领导者做事都喜欢权力一把抓，大小事情统统要自己决定，员工只能充当执行命令的"机器人"，因此造成自己整天忙得像无头苍蝇，却总是不见成果。

领导者很忙是不可争辩的事实，究其原因固然比较复杂，但其中有一条重要的原因，就是他们不懂、不肯、不会授权。他们往往是大权独揽，小权不放，虽然终日"两眼一睁，忙到熄灯"，但由于事情往往被动应付，事业没有起色。相反，一些善于授权的领导者，由于"分身"有术，常常超脱得很，事业也一片火红。

而且要知道，对于组织的成员来说，最好的刺激是自由——有权决定自己做什么和怎么做，因此领导者的事必躬亲自然会挫伤下属对工作的积极性和创造性。对此，在管理学领域早我们几步的西方企业家就看得非常清楚。

第二次世界大战时，英军统帅蒙哥马利特别提出："身为高级指挥官的人，切不可参加细节问题的制定工作。"他认为，在激战进行中的指挥官，一定要随时冷静思考怎样才能击败敌人。对于真正有关战局的要务视而不见，对于影响战局不大的末节琐事反倒事必躬亲，这种本末倒置的作风必将一事无成。

蒙哥马利的见解是极为正确的，并且取得了显著的效果。之后，欧美许多公司将他这种作战的风格拿到管理上来，采用一种对员工自由放任的管理方式：领导者并不规定员工什么时候要做什么事，而是给出特定任务和完成期限，具体的工作过程都由员工自主决定；每个员工都有自己的工作范围，可以独立处理自己权限范围内的事，不用向上级汇报或请示，公司以最终结果来衡量员工的工作成绩。

这样的管理方式，给了员工最大的自由空间，而员工回报给公司的则是直线上升的工作效率和收益，领导的放权和员工的自由形成了良性的循环，最终促使公司走向成功。

由此，建议那些整天还在为公司里一堆缠人的大小事务而头疼的领导者，不妨将眼前这些问题予以分门别类，看看到底哪些才是你该做的，哪些是其他部门或是某个职位的人该做的，大家只有各司其职，才能将公司有条不紊地运作好，不然，受了累还干不好工作，更令人气恼。

4. 琐事不管，大事拍板

比尔·盖茨可谓睥睨整个软件界，然而他最自豪的身份是一位出色的计算机工程师，一开始他就是凭借自己高超的计算机知识和创新能力才使得微软公司在计算机软件领域占有了一席之地，并且一举和PC巨头IBM公司搭上线。

但是，随着微软公司的慢慢壮大，盖茨处理起公司的事务时开始力不从心。于是，他逐步从烦琐的计算机编程工作当中脱离出来，他将自己的精力更多地放在软件的创新和管理上面，公司里大事情的掌控权仍旧在他手里，只不过一些具体的事务性工作他不再过问。

不可否认，很多企业领导者的能力和眼界都要远远胜过下属，但是，当企业发展到一定阶段，比如其经营形态日益多元化、规模也不断扩大，等等，这就直接导致企业领导者无法再做到事必躬亲。如果领导者非要大包大揽，反而很可能会付出一些不必要的代价。

每天让自己纠缠于那些不值得做的事情，影响的不仅是自己的心情，更是对时间最大的浪费。一个聪明的领导者懂得在权力上有的放矢，他们会抓大放小，即小事不管大事拍板，这是搞活企业、促进经济快速发展的有效途径，更是做任何事情的一条处世箴言。

一个人的时间有限、能力有限，能处理的工作量也有限，不可能包揽所有事务。一个企业领导者做到高效管理，就在于"小事不管大事拍板"。

高明的领导者不是事无大小都事必躬亲的人，这样只会让自己碌碌无为。而抓大放小，这样不但可以节省时间，而且也降低了管理成本，让领导者把宝贵的时间用在做更重要的事情上，进行思考和策划新工作，从而提高整个团队的工作效率。

另外，如果领导者大事小情一概大包大揽，不给下属一点独立思考或是办事的空间，久而久之，也势必会造成下属责任感的缺失。当下属抱着"反正也不归我管"的心态来工作时，积极性也随之骤减，还有谁肯为你卖命？

美国前总统里根的领导原则简单明了。其突出特点是精于决策，并且善于组织人才去实施这项决策。他始终认为，他的作用是为政府指明方向的，而不是一个不放手的经理人或谋士。因此，他把日常工作都交给下属去做，自己将注意力集中在一些重大问题上。

在重大问题上，里根从不肯懈怠。比如，在做每一个重要决策前，他都会要求秘书办公室为其准备一份两三页的备忘录，概要列出各种选择及其利弊，并详细说明主张采取哪些方案，随时召集有关人员开会……在这个过程中，里根根据工作人员的分析，加上自己的判断力作出最终决策。

里根曾对美国《幸福》杂志记者说："让那些你能够物色到的最出色的人在你身边工作，授予他们权力，只要你制定的政策在得到执行就不要去干涉。"他对自己的职责有明确的设想，集权与分权的正确处理让他的工作卓有成效。

第六章 善于工作，琐事不管大事拍板

领导者需要集中精力抓的大事，是决策的制订和推动决策的实施。而像那些日常礼仪性的迎来送往、操作性的规章程序等，只要不是与组织的大政方针直接相关的事情，对领导者而言都是"琐事"，不能因这些而干扰领导者对大事的全局性把握和决策。

全球著名的汽车制造企业丰田公司的前任社长稻叶良睍在决定进入底特律办厂时，在企业内部预先设立了筹备委员会，聚集起来自人事、生产、资本三个专门委员会中最有才干的人员。作出决策的是稻叶，而具体方案则由筹备委员会的成员自己制订，稻叶并不参与，他认为员工组织会比自己做得更好。正是因为稻叶这一轻重分明的管理方式，下属的工作热情高涨，创新意识更强，对企业的忠诚度也上升到了一个新的境界，因此才有了将近20年的丰田美国发展神话。

也有领导者说，面面俱到正是体现出自己注重细节的一面。确实，对于某些领域，细节是需要关注的，但是不能陷入细节。如果你一直纠结于细节上的问题，就很难突破自己，把握全局。总之，能够把握整体，抓住重点，关注核心环节才是王道。

有很多领导者不放心把权力委托给下属，这大多是出于"别人谁也不会像我自己做得那么好"的思想，或者是惧怕员工滥用权力，实质上就是不信任自己的员工。一个领导者要敢于授权、善于授权，信任是前提。而不信任不授权的领导者，是不会得到下属爱戴的。

我们看到很多领导者偏爱独裁，一心要把手中的权力发挥到极致，不肯听从他人零星半点的意见。人们对于权力的占有欲本来是人之常情，但若一意孤行，久而久之只会使自己成为一只孤傲的天鹅，高高在上却完全失去下属的信任和追随。

企业中，领导者往往掌握着公司大部分的经营权，如果过分集权却没有监督机制，其结果只能是决策的失误和人心的离散。

曾有某知名管理杂志以"你最不喜欢什么样的老板"为题向几千位在职人员进行了调查,统计研究出来的结果公布之后令无数领导者汗颜:骄傲自大,刚愎自用,不懂得充分授权和信任员工的行为占89%,成为最令员工讨厌的行为,远远超过了对老板个人能力、公司管理、员工福利等各种传统问题的不满。由此可见,一个能够留得住人才的领导者,一定是一个懂得授权的领导者。

20世纪20年代,正是松下电器公司不断发展壮大的时期,公司准备在金泽市设立一个自己的营业所。但由于金泽这个城市松下从来没有去过,所以他对当地的具体情况并不了解,于是,派谁去主持这项工作就成了一个新问题。

权衡之后,松下决定任命一个年轻的业务员前去管理。

松下亲自与他谈话,说:"公司目前决定在金泽市设立一个营业所,我希望你去主持工作。现在你就立刻赶往金泽,到那里找个合适的地方,租下房子,设立一个营业所。资金我已经准备了,你拿去进行这项工作。"

业务员听了松下的这番话大吃一惊,说:"我进入公司刚刚两年,还只是一个普通小职员,对工作也没有什么经验,这么重要的任务交给我?我很担心……"

"没有什么可担心的,你没有去做,怎么会知道自己不行呢?去吧!我相信你一定能够成功的!你有这个能力!"松下打断了业务员的话,用非常信任的语气和他说。

业务员被松下这番话打动,便以坚定的态度接下了任务,前往金泽。他一到金泽,便立即展开活动。他每天都把进展情形一一写信告诉松下。没多久,这名业务员顺利地完成了筹备工作。于是松下又从大阪总公司派去几名职员,成功地开设了金泽营业所。

第六章　善于工作，琐事不管大事拍板

罗曼·文森特·皮尔在他的《只要敢想你就行》一书中说："相信自己能做到，你将无所不能。"上司对下属的领导也不例外。如果上司能够对下属充分信赖，那么能够激发下属的工作信心和热情。

在《福布斯》工作的人都有这种感受：在自己的职位上可以充分发挥想象力和创造力，可以自由地处理自己的业务，完全不必担心老板会对你指手画脚，事事插手。福布斯极少对下属的工作指指点点，他一直都相信，自己能干成的事情，下属也能干。

《福布斯》前任记者法兰克·赖利对此深有感触。在他第一天上班时，他就意识到，他在这里不必听命于任何人的指挥，也没有人会指派他完成某项特别报道，他只需按自己的习惯自由创作。这就是福布斯的风格：相信你，给你绝对自由，完全不加限制，只要你的想法独特、新颖，想怎么干就怎么干。这也是《福布斯》能一直向前猛冲，取得成功的秘诀之一。

管理的目的不是让自己越来越繁忙，而是越来越轻松。很多卓有成效的管理大师都秉承"用人不疑，疑人不用"原则。韩国三星集团领导者李秉哲一直坚持这一理念，只要是他看准的人才，就大胆地提拔使用，给予充分信任。

授权，是管理学领域的最高艺术，因为它能够让别人代替你做事，你则可以"垂拱而天下治"；而信任，则是授权的灵魂，是授权成功的关键。所以，当领导者有了给下级授权的念头时，也要把对下属的信任放在心里。

5. 防止干扰，一次只做一件事

比尔·盖茨准确地判断出，由于未来所有的通信工具都会连接到"信息高速公路"，以多媒体方式传输信息，因此，开发将这些工具连接到网络上的软件，必大有可为。可是由于政府部门的干预，以及竞争对手的咄咄逼人，微软的开发工作一时间陷入困顿。

在比尔·盖茨的带领下，微软公司开始紧锣密鼓地开发"视窗95"软件，盖茨希望这套软件能够为电脑用户连接国际电脑网络提供简易、快捷的方法。这是一个有着巨大需求潜力的市场，盖茨要抓住一切时机抢占网络市场。

终于，1995年8月，"视窗95"被推上市场，一夜之间"风暴"狂刮全世界。不得不说，"视窗95"的成功，充分体现了比尔·盖茨作为一个企业家消除干扰的能力。盖茨这种能抵住外界干扰，专心致志只做一件事的品质与能力，值得每个企业领导者学习。

有着"现代管理学之父"之称的德鲁克，曾在《哈佛商业评论》上就"每次只做一件事"发表文章，他非常肯定地指出："我还没有碰到过哪位经理人可以同时处理两个以上的任务，并且仍然保持高效。"

许多人都有过这样的经历：当自己正在全神贯注地做一件事情的时候，突然接到一个新任务，由此不得不中断眼下正在进行的工作，注意力也被迫转移。但这样一来，很可能最终我们一件事情也没做好，甚至会因为被打扰而忘了刚才在做的事……

防止干扰，一次只做一件事，是每个人都渴望做到却往往做不到的事情。事实上，要做到这点并不困难。

第六章 善于工作，琐事不管大事拍板

纽约中央车站问询处，是一个工作状态相当紧张的地方。这个问询处面积只有10平方米，面对的是万分焦急的众多旅客，问询处的服务人员个个焦头烂额手忙脚乱。可有一位服务人员却相当轻松自如、镇定自若。

在他面前的旅客，是一个焦虑不安的矮胖妇人。他倾斜着上半身，以便能集中精力倾听她的声音，透过他的厚镜片看着这位妇人说："是的，你要问什么……你要去哪里？"虽然旁边有其他焦急难耐的旅客试图插话进来，但他眼里只有这位妇人，并耐心地回答她的一切问题。

等送走这位妇人之后，他立即将注意力转移到下一位客人身上，即使是前面已经咨询过的人再返回来确认信息，他也不再接待了。

有人请教这个服务人员："能否告诉我，你是如何做到并保持冷静的呢？"

他说："我并没有和公众打交道，我只是单纯处理一位旅客。忙完一位，才换下一位。在一整天之中，我一次只服务一位旅客。"

"一次只做一件事"，从来都是解决因为工作不断被迫中断而变得效率低下问题的良药。一个懂得集中精力专注做好一件事的人往往不会像一般人那样浪费时间。因为他要以有限的生命，完成一流的事业，他就必须要有所选择、有所坚持、有所放弃。

爱迪生说："要拥有能够将你身体与心智的能量锲而不舍地运用在同一个问题上而不会厌倦的能力……你整天都在做事，不是吗？每个人都是。假如你早上7点起床，晚上11点睡觉，你做事就做了整整16个小时。对大多数人而言，他们肯定是一直在做一些事，唯一的问题是，他们做很多很多事，而我只

做一件事。"

为什么有25%~50%的人表示几近崩溃或被工作累得筋疲力尽？其原因不光是因为我们工作的时间很长，还因为我们在长时间地同时为太多事情而忙碌。对于每个企业领导者来说，如何合理安排自己乃至整个企业运营的时间尤其重要，因为在很多时候，这项举措往往影响着企业的兴衰存亡。

作为领导者，本身就不能在生活中的许多事情上像普通人那样随心所欲，他要能很快分辨出什么事不重要，然后立刻放弃它。更重要的是，他要清楚地知道，如果一个人过于努力想把所有事都做好，他就不可能把最重要的事做好。

事实证明，一次只做一件事情，对提高效率是至关重要的。一个人要想做好一件事情，需要集中精力才可能最大限度地发挥潜能。

6. 越是"俗事"缠身，越要学会放松减压

卡特是哈佛优秀毕业生，目前在一家软件公司任高级工程师。也许是工作压力过大的缘故，他经常会有一种错觉——觉得自己快要死了。为此，他为自己选购了一块墓地，甚至还将葬礼的有关事宜安排好了。

卡特感到整个人都快要崩溃了。这时一位朋友对他说："也许你可以到哈佛找沙哈尔教授聊聊，他是个很有趣的人，或许可以帮助你。"卡特听从了朋友的建议，他来到哈佛，找到了沙哈尔教授，并且说明了来意。

在听了卡特的情况后，沙哈尔教授说："你这是由工作压力和过度忧虑造成的。当你再感到呼吸困难的时候，可以向一个纸袋里呼气，同时要放松——这也是一种休息。"

第六章 善于工作，琐事不管大事拍板

卡特回家后就遵照沙哈尔教授的嘱咐行事，放松下来，不再忧虑。不久，他的呼吸和心跳都恢复正常了。

许多人都很羡慕哈佛毕业生能够通行世界，却不知道他们在哈佛学习的时候顶着多么大的压力。哈佛给学生的告诫是——如果你想在进入社会后，在任何场合下都得心应手，并且得到应有的评价，那么你在哈佛就没有晒太阳的时间。

很多人都被工作与生活折磨得疲惫不堪，特别是身居高位的领导者。职位越高，权力越大，压力也就越大。那些被大小事务缠身的领导者，一定要学会放松减压，才能有效缓解压力，从而将工作做得更好。

美国汽车大王福特，将工作巧妙地比喻成开车。他说："只知工作而不知休息的人，有如没有刹车的汽车，极为危险。"卡耐基也说："休息并不是浪费生命，它能够让你在清醒的时候做更多有效率的事。"平日里越是被"俗事"缠身，越要学会放松减压。

石油大王约翰·洛克菲勒曾创造了两项惊人的纪录：他赚到了当时全世界为数最多的财富；他活到98岁。他是如何做到长寿的呢？除了他出身于一个"长寿家族"外，另外一个很重要的原因是，他每天中午都会躺在办公室的大沙发上睡半个小时午觉。他曾调侃地说："在睡午觉的时候，哪怕是美国总统打来的电话，我都不接。" 因为他经常休息，所以能精力旺盛地一直工作到半夜以后，而且效率也高。

就如一个长时间打着的战役一样，一个人忙碌太长的时间便会觉得疲惫。对于领导者来说，脑子里充斥着满满的会议、利润、股份等工作问题，感到疲乏也是必然。

作为一个领导者，在日常的生活和企业管理中，上要听候上司，下要领导员工，前要沟通客户，后要防备竞争者……因此，学会放弃那些可以放弃的包

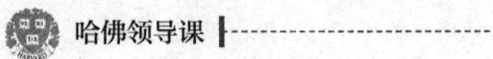

袱，学会暂停，学会给自己的心灵休个假，生命才会轻装上阵。

一位名叫伯尔哈德·沃尔曼的企业家举办了一场研讨会，畅谈他想建立世界上首家"缓慢主题旅馆"的设想。

他的这家酒店将坐落在奥地利国家公园。游客将乘坐蒸汽火车先到附近的村庄，然后步行或乘坐马车来到酒店。在这里，一切引发匆忙的技术，包括电脑、汽车等，都将禁止使用，游客们将享受简单而舒缓的娱乐，如园艺、徒步旅行、阅读等，他们将谈论让人舒缓、放松的话题。

沃尔曼最后不紧不慢地说："在当今世界，人们都非常渴望放慢节奏。我认为已经到了让酒店真正成为客人全方位放慢节奏场所的时候了。"

一如心灵需要休假，有时候在商战中，你所经营的公司，你所带领的团队，你所做的项目，都需要休假，需要放松，需要休整。休息过后，重整旗鼓，你会走得更远、更坚定，也更加接近成功。

作为一个聪明的领导者，有时候，面对硝烟滚滚的商战，要尽力克制自己，用冷静的态度面对竞争和压力。有时候，你会发现，暂时的停步，其实是一个战略性的调整，会让自己取得最后的成功。

你因为负载过重而步履维艰了吗？你因为俗事难缠而疲于奔命了吗？那么，就给心灵放个假吧。适时做个短暂的休息，回到大自然，回到生活本身，你就会发现生活中的真善美无处不在。

第七章

自信果断，魄力十足引领他人

1. 别让患得患失断送你的未来

2017年9月，毕业于哈佛大学的华裔篮球运动员林书豪在接受采访时，向记者讲述了成为"林疯狂"后自己5年来的成长过程。他说："我从没想过自己会取得那样的成功，我证明了自己可以打好NBA。"但接下来的低谷期让他陷入了焦虑："那时候，我真的非常害怕被裁，对自己充满了怀疑，觉得我的NBA生活就要结束了。"他再也没有回到曾经爆发的高度，他需要面对的，是如何调整好心态。后来，他加入了黄蜂队，他找到更多内心的平和，不再像从前那样患得患失了。"哪怕我上个赛季遭遇那么多困难，我内心还是平和的。我第一次感觉到自己可以掌控周围的一切。"

心理学上有一个名词叫"瓦达伦心态"。瓦达伦是美国一个著名的高空走钢丝表演者，在一次重大的表演中，他不幸失足身亡。事后，他的妻子说："我就知道这次不会顺利，因为他在上场前一直在说：'这次太重要了，绝不能失败。'而以前每次成功的表演,他都没有这样患得患失过。"后来,人们就把专心致志于做事本身,而不去管这件事情的结果,不患得患失的状态,叫瓦伦达心态。

有一项关于这种患得患失心态的研究表明:人大脑里的某一图像,会像实际情况一样刺激人的神经系统。比如当一个人在比赛前不停地告诉自己"不要紧张"时,他的大脑里就会出现紧张的情景,因此会事与愿违,会更加地紧张,进而发挥失常。

古往今来,但凡成大事者,他们勇敢,他们谨慎,他们三思而后行,他们还有一个特点,那就是从来不患得患失。

几十年前,美国《纽约时报》刊登了一则信息——预计此后全美每年接收的信息量将会翻一番。这个消息让16个美国人一同萌发了创办一份文摘性刊物的念头。

说干就干,在不到3个月的时间里,他们都陆续领取到了执照。

然而,当他们办理发行手续时却忽然被告知:"该类刊物至少要等到第二年选举过后才能允许代理。"于是,其中15人递交了暂缓执业的申请,选择了观望和放弃。

只有一位叫德威特·华莱士的年轻人没有放弃继续努力。他和未婚妻一起糊了2000个信封,装上了征订单,到邮局寄了出去。

从此,这个叫作德威特·华莱士的年轻人创办的《青年文摘》风靡世界,至今拥有1亿多广泛的订户,拥有19种文字、48个版本,发行范围达100多个国家和地区,年收入5亿美元。

一个成功者除了冷静的头脑之外,还要有一颗平常心,得之淡然,失之坦然。而那些瞻前顾后患得患失的人,永远被焦虑与忧愁的小虫啃噬内心,因为

第七章　自信果断，魄力十足引领他人

一直没有自信，而迟迟迈不出步。同样，对于领导者来说，这样的心态在决策与行动的时候，让我们倍感压力，结果也自然不尽如人意。

卡夫卡说："做事要行动，而不是无谓的想法和不切实际的讨论。"有时候，过分谨慎并不比铤而走险来得安全，犹豫不决，错失了很多机会。我们说要三思而后行，这是为避免鲁莽和冲动，但是一味患得患失犹犹豫豫，只能是空手而归。

1857年，摩根从哥廷根大学毕业，进入邓肯商行工作。一次，他去古巴采购鱼虾等海鲜归来，发现一个千载难逢的商机。

原来，一个美国商人向一个巴西货船船长订购了一批咖啡，但当货物运来时，那个美国商人却已经破产了。这位船长不得已之下，愿意以半价出售咖啡。

摩根非常兴奋，便决定先斩后奏，毫不犹豫地以邓肯商行的名义买下了这船咖啡。但是，当他兴致勃勃地请求邓肯拨款时，却得到"不准擅用公司名义，立即撤销交易"的回复。

是尊重上司的意见撤销交易，还是继续抓住这个机遇呢？

摩根没有放弃，他求助于在伦敦的父亲。父亲吉诺斯同意用自己伦敦公司的户头偿还邓肯商行的欠款。

更好的事情还在后面，就在摩根买下这批咖啡不久，巴西出现了严寒天气，咖啡大为减产，咖啡价格暴涨，摩根很快大赚了一笔。

此后，吉诺斯意识到自己的儿子是个贸易人才，便拿出了大笔资金为儿子办起摩根商行，供他施展经商的才能。

摩根的坚持和韧性，让他赚了人生中的第一桶金，更因为他抓住了机遇，没有缩手缩脚，患得患失。作为一个企业领导者，拥有一个清醒的头脑是重中

之重，坐得稳，坐得住，奋力一击，坚持到底，这才是一个成功领导者应有的素质。

有许多领导者不承认自己的患得患失是缺点，并且表示这是想得周到的体现，这真是大错特错了。一个优柔寡断的人面临选择时手足无措，踌躇不决，关键时刻的优柔寡断几乎只能带来灾难性后果，只会失去所有的机会。

培根说："善于识别与把握时机是极为重要的。"永远没有万事俱备的时候，徘徊观望是我们获取成就的大敌。作为一个企业领导者，千万要吸取这样的经验教训，不要对面前的机会没有信心，在犹豫之间，让它消失不见。

2.提升领导者的决断力

2009年1月21日，奥巴马在白宫发表讲话。在短短几分钟的讲话之中，奥巴马言简意赅地提议任何银行或拥有银行的金融机构都不可以拥有、投资或担保任何对冲基金或私募基金，或者进行与服务其客户无关的自营交易；同时他还呼吁国会立法，对商业银行的股本规模进行限制。

奥巴马表示他已经决心重设华尔街的游戏规则，并且对于意料之中的反对声音，他坚定地说："如果这些人想来场战斗，那么我已经准备好了。"如此简单明了的一句话，让人们看到了他的从容果断。

美国思科公司前总裁约翰·钱伯斯说："如今的商场形势，已经不再是大鱼吃小鱼，而是快的吃慢的。"这就是著名的"快鱼法则"。在这样一个竞争日益激烈的生存环境下，速度才是硬道理，只有多谋是不够的，还要学会善断，也就是领导者的决断力。

决断力是领导者综合素质中最重要的一种能力。杰克·韦尔奇曾把决断力推到无比重要的位置上。韦尔奇指出，一些精明的人或许能够并且很完美地从各个角度来分析问题，但是，有决断力的人却知道什么时候应该停止议论，即使他并没有得到全部的信息，也需要作出坚决的决定。

有位企业家深有感触地说："一个好的企业领导者不能拖拖拉拉，迟滞决策。因为一个再正确的决策，如果做迟了，也会是错误的。"优柔寡断的领导者只能将团队带进不安定的状态，最后甚至成了自己的致命伤。因而，领导者必须对事情有迅速作出判断和选择的能力，有敢于对事情的过程和后果负责的精神与魄力。

20世纪90年代，在日本技术公司的收益极不稳定的10多年里，佳能公司却在掌舵人御手洗富士夫的带领下，发展得一马平川、业绩耀人。

1997年，御手洗富士夫晋升为佳能公司CEO。当时，佳能公司的"大企业病"很严重。御手洗富士夫上任之初，便果断地实施改革，显示出了一位CEO雷厉风行的作风。

首先，从削减成本入手。他果断地关闭了一系列亏损的业务部门，并拍卖了相应的资产，从而避免了近3亿美元的巨额亏损。

其次，提高产品开发速度和增加推出新产品。基于这一点，御手洗富士夫一方面增加研发经费，另一方面结束没有结果的研发项目。他大力支持研发部门，极大地激发了研发部门的创造热情。

最后，撷取日本企业及传统商业文化之所长。在这一点上，御手洗富士夫采取记点调薪的方法，鼓励员工工作。同时保留了传统的终身雇用制，加强员工的向心力。

后来的事实表明，御手洗富士夫的一系列改革措施使佳能公司几乎创造了一个奇迹——佳能出现了惊人的三级跳，公司营收暴增到243

亿美元，净利高达14亿美元，7年内佳能在东京股票交易所的市值从第43位上升到了第8位。2002年，美国《商业周刊》将佳能公司CEO御手洗富士夫选入全球25名"顶级经理人"，并评论他是"一位有决断力的人物"。

当然，御手洗富士夫的改革也不可避免地遇到了一些阻力，但他以自己的决断力坦诚面对。如：在工厂采取单元式生产的时候，他花费数周与持质疑态度的主管进行辩论，在说服管理层并取得一致意见时再行实施。这一做法的结果使佳能的产能提高了三成。

可以说，从思想到行动，御手洗富士夫无不彰显出果断行事的风格。

企业领导力包括决断力、影响力、激发力、凝聚力等多个分力，其中决断力最为关键。因为一旦决断有误，一个企业再有凝聚力也是没用的。

美国麦克金赛管理公司曾对管理卓有成效的37家公司做过一项调查，结果发现领导者获得成功有8个条件，其中之一就是行动要果断。唯有准确判断，快速决断，果敢行动，才能把握制胜权。事实上，许多成功领导者的做法就证明了这一点。

作为一个企业领导者，在作出决策的时候，不仅要听赞同的意见，还要听反对的意见，不仅要看到顺的一面，更要把最坏的一面估计到。相反，如果在讨论和决策的过程中武断专横，在当今激烈的市场竞争中，只能被淘汰。

另外，在听取各种不同意见的基础上，领导者更要善于把来自各方面的正确意见集中起来，作出正确的判断和选择。因为，只有多谋善断才能抓住稍纵即逝的机遇，各项工作也才能取事半功倍的效果。如果一个领导者在机遇面前优柔寡断，那么必然会与机遇擦肩而过，最终在激烈的市场竞争中被淘汰出局。

当然，这个善断，不是冒失或轻率，而是经过了深思熟虑，充分估计客观情况之后才迅速做决定,果断是建立在谋略之上的。

一个高明的领导者,会集中一切资源以及所有的时间和精力,去做那些最重要的事情。时机不等人,做事的速度是我们成功的关键。因此,如果你想要成功,那么你不仅要多谋,更要学会善断,去做一条快鱼,才能永远吃到食,才能取得事业上的成功。

美国麻省理工学院一位著名的管理学专家认为,作为领导者,在其综合素质上,有三个方面是属于核心能力的,即决策、用人、专业。而这三个方面的侧重点又各不相同:对于领导者来说,最重要的是决策,占47%;其次是用人,占35%;专业只占18%。

市场就如同一个没有硝烟的战场,同行业之间的竞争已经发展到了白热化的程度。谁在经营管理决策上善于筹谋与行动,谁就有可能在市场上领先一步,抢占到制高点,并保持永不落后于市场的结局。相反,如果遇事犹豫不决,或者做决定时瞻前顾后,那么只能错失良机。

如果说企业是一台运转着的机器,领导者便是调速器。领导者的办事风格对于企业效益有着很重要的影响。领导者不温不火,企业运转也不急不慢;领导者雷厉风行,企业运转速度也会加快。

"汽车巨子"艾柯卡在接管濒临倒闭的克莱斯勒公司之后,为了解决公司面临的财政危机,他的第一个任务就是压低工人工资。他首先降低了公司部门高级员工工资的10%,自己也以身示范,从年薪36万美元减为10万美元。随后他对工会领导人直截了当地说:"17美元1小时的活是没有的,20美元1小时的活更是一件也没有的。"

这种强制威吓且毫无策略的话语当然不会奏效,工会当即拒绝了他的要求。双方互不退让。后来,艾柯卡心生一计,于是,他对工会代表说:"我已经与劳工输出中心通过电话,如果明天早上8点你们还不开工的话,将会有一批人顶替你们的工作。"

这话可将工会代表吓坏了,他们本想通过谈判,从而在工薪问题上取得新的进展,却没料到艾柯卡竟会来这一招!因为,被解聘就意味着他们将失业,断了生活来源。

再也没有继续考虑的必要了,工会基本上接受了艾柯卡的要求,而且在工作中投入了很高的动力与热情。

雷厉风行是领导者个性魅力的彰显,在正确决策的前提下,领导者的雷厉风行能带来工作的高效率,也能带动员工的进取心和责任感,从而实现企业整体效能的提高。

任何一个领导者都需要有职有权,这是保证领导有效性的必要条件。既然领导者作为一定权力的拥有者,那么他就要凭借手中权力产生的控制力和影响力来约束群体成员,因为这种控制力和影响力将会是企业作为一个整体发挥效用的基本保证。

某企业部门经理是理工科出身,喜欢埋头钻研技术,却不擅长与陌生人打交道,因此公司虽然研制出了非常好的产品,但销售渠道却迟迟没有建立起来。而他有个雷厉风行的下属,在了解了公司的情况后,立刻说道:"这好办,把我们的人全部投放到市场中,给他们施压,不怕找不出门路。"就这样,员工们虽然有牢骚,但迫于压力干起活来一点也不敢含糊,没过一个月,销售渠道就有了新局面。作为一名成功的领导者就一定要雷厉风行,这样才不会陷入左右为难的境地,才不会拖延时间与机遇,从而提升企业与个人的效率。

美国奇异公司前CEO威尔逊曾经把许多业绩不佳,名次排在业界前两名以外的事业部门关闭。同样,某家美国银行把700多亿元的不良资产出售给了资产管理公司。当他们作出选择时都是痛苦的,但是为了整体的利益,经营者必须当机立断，拿出勇气和魄力果断地作出决定，才会有机会重新开始，获得新生。

领导者必须拥有雷厉风行的工作作风，任何一点拖拉、缓慢，都有可能造成企业的损失。遇到问题要及时处理、速战速决，把不良影响消除在萌芽状态，将风险降至最低；即使处理结果没有达到预期要求，也有助于及时调整思路，寻找另外的解决之道。

当然，这一招成功与否的关键在于领导者要确认自己掌握了下属需要的某种资源，否则就可能鸡飞蛋打、自讨没趣。例如，有位政府官员规定下属手机必须24小时开机，接到电话后必须在2小时之内到他办公室，否则后果自负；有位民营企业的老板在讲话时看到下属在旁边接电话，恼怒之下将对方的电话抢过来摔在地上，全场愕然……

的确，强制权的使用很气派、很奏效。但是，强制权的过度使用也会带来很多问题，诸如员工口服心不服，企业内部的监督成本增加，等等。由此可见，领导者的雷厉风行也是要建立在理智、人性化的基础之上的。

3. 自信但不自负

毕业于哈佛英语文学专业的美国著名影星马特·达蒙曾参演过《心灵捕手》，并因在此剧中的出色表演获得奥斯卡最佳男主角和金球奖最佳男主角提名。他还出演过《拯救大兵瑞恩》中的瑞恩，参演过《谍影重重》《火星救援》《长城》等著名影片。他在一次答谢致辞中表示："我相信自己的演技，但我更应该感谢的是导演和所有工作人员。如果没有他们，我什么都不是。"

罗曼·罗兰说："先相信自己，然后别人才会相信你。"因为自信，剑桥大学认为自己就是这个世界，而哈佛则认为自己能够改变这个世界。给自己充分的自信，相信自己是一个优秀的人。

1960年，在尼克松和肯尼迪为竞选美国总统而举行的电视辩论中，尼克松一脸阴郁，没有展示出一个国家总统应有的自信，让民众大为失望。而毫无政绩的肯尼迪在最后与尼克松握手的一刻，自信地把尼克松的手压在自己的手掌下，他的这种超级自信的举动，瞬间满足了美国选民对于总统的神话般力量的渴望。选举结果不言而喻。

将近半个世纪之后，又有一个以强大的自信力打动无数选民，登上总统宝座的人出现了，他就是奥巴马。即便是在决战之夜那样一个历史性的场景中，他依然从容、坚定，散发着强大的自信，似乎总统必然会是他的囊中之物，似乎只有选择他才是正确的。最后的胜者是奥巴马——这就是自信的力量。

自信是成功者开拓未来的武器，韦尔奇称之为"战胜困难的唯一武器"。同时，自信的人很容易感染别人。如果一个领导者具备了这项优秀品质，那么无疑会为下属注入强大的活力，工作开展得也一定会顺利、圆满。

但是，往往有人分不清自信与自负的界限，自大得不可一世，还自我标榜为"自信的体现"，实在可悲。特别是某些企业领导者，如果过于自负，那么必定会为公司带来恶劣后果。

美国威斯科公司总裁托马斯·贝克曾经说："你可以聘请到世界上最聪明的人为你工作。但是如果他孤芳自赏，不能与其他人沟通并激励别人，那么，他对你一点用处也没有。"其实，我们也可以从另一个角度理解托马斯的话——你可以是最聪明的那个人，但是如果你孤芳自赏，过于自负，不能与其他人沟通并激励其他人，那么你毫无用处，也不可能成功。

第七章　自信果断，魄力十足引领他人

一天晚上，美国一艘航空母舰在海上航行时突遇大雾，能见度相当低。为防止发生意外，船长跑到舰上亲自坐镇。不久后，果然发现远方有一束微弱的灯光在闪烁。于是，船长马上交代负责打探照灯的讯号兵，用摩斯密码指示对方："请向东转十五度，以免发生危险。"

过了几分钟，他们收到对方的回复："请注意，请向西转15度避开。"

船长看到对方的讯号后，顿时勃然大怒，在他看来，美国海军的航空母舰是全世界最大的船，那有让路给其他船只的道理！他立即下令讯号兵告诉对方："我们是航空母舰，我是船长。请立即向东转十五度，以免撞到我们。"

很快，对方又用灯光回应："我是二等兵，我这里是灯塔，请立即向西转十五度避开。"

自信与自负最大的不同，就是自负的人总是认为自己已经是相当了不起的人物，而需要改进的都是别人，就像故事中的船长。然而，他这一"威风"言行的结果却变得无比滑稽——对方是灯塔，试问航海史上有灯塔给船只让道的例子吗？

自信是成功的秘诀，是人性最大的优点之一。但是自信过头，就变成了自负、自大，优点转瞬之间变成了缺点，让人反感、讨厌。

本田汽车公司总裁曾被问到这样一个问题：为什么公司里两位资历相近的人，一个升到高级主管，而另一个却时时受人排挤呢？本田先生回答说："与个人品质有关。"他接着又解释说："前者一定平易近人，是个自信而不自负的人，而后者恰恰没有这点。"

对于一个自负的领导者来说，他的脸上总写着"我什么都知道，我什么都正确"的标语，他们自以为全世界没有他们不知道的事。管理学家尤因称这种心理为"全知全能信念"。例如不耐烦听完下属的话、听几句就凭感觉下结论，用"我都知道了，不用说了"这种话来打断对方，等等，这些都是陷入"全知全能谬误"的领导者的表现。

总而言之，领导者要推进工作、成就事业，必须保持自信，但是，过分自信，自高自大，目中无人，就会走向成功的反面。自负出于无知，如果一个人过于刚愎自用，只会使决策失误，事业受损。所以，作为领导者，需要不断提醒自己：自信不可丢，自负不可取！

4.简洁的话往往更有力度

奥巴马讲话的技巧，可以用几个恰当的词语概括：适时、适度、适量。这些特点在他2009年的就职演讲中可以看到。比如他在对布什政府表示礼仪性的肯定以及实质性的否定时，既没有拖沓，也没有引申，而是直接表现出客观公允的态度，同时为新政的实施拓展道路。

奥巴马的每次演讲中，提到诸如战争、失业、医疗等问题时，一语中的，说得简洁而有力度，让听众一听就引发了共鸣、看到了希望。

言不在多，明了就行；话不在长，简要则明。领导者在发表言论时要尽量做到言简意赅、开门见山、直奔主题，讲话越短，效果越好。简洁、准确、精练的讲话，不仅员工们喜欢听、愿意听，解决实际问题，更能体现领导者讲求效率、求真务实的做事风格，同时也更容易凸显出领导者的人格魅力。

要想说出简洁明快却有力度的语言，关键是要有个明确的主题。主题明确了，思路才能清晰，才能分清主次，也才能说到位，而不是长篇大论半天，别人还不知道你要表达什么，这才是说话的最大败笔。

讲话者的说话内容往往以听众的理解能力为基础，这时，如果讲话人再采取一个简单清晰的结构来述说的话，听者很自然就会记住并且回味无穷。

在企业中要成为一名优秀的领导者，必须具备把工作指令简单化的能力。向下属发布工作指令的时候，越是简单就越能体现领导者的能力。因为简单，才能方便下属更好地执行。

但是，应该注意的是，说话简洁绝非单纯的惜字如金，而是要从实际效果出发，简得适当，恰到好处。否则，硬是掐头去尾，只能捉襟见肘，挂一漏万，得不偿失。

因此，应予承认，任何事物都具有两重性，简短的语言有时很难将相当复杂的思想感情十分清晰地表达出来。同时，简短也是相对的，不是绝对的。美国林肯总统的盖茨堡演说一共是226个字，只用了2分钟；而恩格斯在马克思墓前的演说长达15分钟，却也是世界公认的短小精悍的演讲。总之，简短应以精当为前提，该繁则繁，能简则简。

那我们应该怎样才能够做到言简意赅呢？不妨从以下几点开始做起。

（1）培养自己分析问题的能力

要学会透过事物的表面现象，把握事物的本质特征，并善于综合概括。在这个基础上形成的交流语言，才能准确、精辟，有力度、有魅力。

（2）尽可能多地掌握一些词汇

福楼拜曾告诫人们："任何事物都只有一个名词来称呼，只有一个动词标志它的动作，只有一个形容词来形容它。如果讲话者词汇贫乏，说话时即使搜肠刮肚，也绝不会有精彩的谈吐。"所谓胸中有墨才能妙语生花，当你掌握的词汇相当丰富的时候，也就不愁一时找不出更为精确、简洁的词语来表述。

（3）"删繁就简"也是培养说话简洁明快的一种有效方法

人们最讨厌废话连篇，半天说不到点子上的人。言简意赅，不说废话，这样才显出说话人的干练。所以，在与人交往时，要注意说话简洁一点，这样才能够处处受到人们的欢迎。

总之，作为领导者，掌握说话的技巧也是一门必修课，当你能一改平日长篇大论的特点，而变得言之有理且言之有力时，也就是你的领导力上升的时候。

5. 有主见，关键时刻不能随波逐流

毕业于哈佛经济学专业的保罗·萨缪尔森，曾经是美国总统肯尼迪的经济顾问，还是美国获得诺贝尔经济学奖的第一人。很多人都认为他的这番成就是因为他天才的大脑和勤奋的学习，殊不知如果当初他没有提出自己新论点的勇敢和决心，并敢于坚持己见，恐怕也不会有今天这般大的影响力。

当初奠定萨缪尔森在学术界地位的事件轰动一时。美国著名经济学家马歇尔曾经提出一个观点："任何人花费许多时间去读那些不是自己写的关于经济学原则演变的数学分析的文章，都是值得怀疑的。"虽然这一说法得到了经济学界的普遍认同，但萨缪尔森却坚决反对，并发表言论阐述了自己的观点。

1974年，萨缪尔森发表了一篇名为《经济分析学基础》的论文，在里面详细地阐述了应用数学理论的重要性。这篇论文被学术界广泛阅读、传播，由此更加促进了他日后的成功。

生活中有这样一种人，他们凡事跟随别人的脚步，从不敢提出自己的观

点,有时候甚至确信自己是正确的,仍然没有胆量和"绝大多数"抗衡。可想而知,这样的人即便有着智慧的头脑,也无法成为一名优秀的领导者。只有那些敢于力排众议,坚持自己主见并努力奋斗的人,才能够让别人心服口服,开创出自己的一片天地来。

歌德说:"只要你足够自信和勇敢,别人也就会相信你。"成功者的身上永远都有着一股不服输的心气,他们相信自己,有着改变全局的魄力。而那些一遭遇阻挠就放弃、喜欢随波逐流的人,永远也得不到幸运之神的垂青。

1850年,美国淘金热正风行,时年20多岁的李维·施特劳斯也加入到了浩浩荡荡的淘金大队之中。但是,不久之后冷静下来的李维·施特劳斯开始思考:我为什么要跟着他们走?再说就一定能发财吗?并且李维发现,淘金的地方离市中心很远,买东西十分不便。

李维·施特劳斯开了一家日用品小店,不出所料,顾客络绎不绝,很快李维赚了人生的第一桶金。但是李维也渐渐发现,日用品卖得火红,但搭帐篷和马车篷用的帆布却没人感兴趣。他灵机一动:淘金的人天天辛勤劳动,应该需要像帐篷一样坚硬耐磨的裤子。

于是,李维·施特劳斯用这些厚厚的帆布做成结实耐磨的裤子。1853年,第一条"牛仔裤"在李维·施特劳斯手中诞生了,他也因此获得了成功。

眼下,有不少人看到别人做什么别人成功了就眼红,于是也盲目跟风去做什么,完全不想想自己是不是合适,也没想到因为很多人跟风,同行太多,反而赔了夫人又折兵。

企业管理的道理也是如此。如果一个企业领导者在作出商业决策时总是人云亦云,盲目跟风,对市场没有独到的眼光和自己的判断,运气好的时候,也

哈佛领导课

许能捡点芝麻小利，要是运气不好，可能还会让公司因为自己糟糕的决策而陷入困境之中。由此，一个领导者，要有自己的主见，就算旁人争论不休，最后也要自己拿主意。

在日本经济发达工业旺盛时期，每个人都看好在东京的房地产。当时，著名的西武集团在房地产上有着巨大产业和经营经验，因此很多投资者都认为它必然会以更大的投资力度进入东京的房地产开发中。

然而，刚接手西武集团的年轻总裁堤义明却作出了一个令人吃惊的决定——西武集团将撤出东京的房地产业！

这一决定让不少人开始怀疑堤义明的领导能力。在集团内部，以官内严、森下重光等人为首的"八大金刚"等重量级领导者纷纷提出反对意见，他们认为，西武集团不应该退出东京房地产业，反而应该投入更大的资金。

但是，面对大家各种言论的轰炸，堤义明依然坚定他撤出东京地产界的决心。他说："东京土地投资的好时机已经过去了。供求要讲平衡，而大家猛炒地皮的结果，只会把正常的供求状态搞得不正常。我认为东京的房产业很快就会出现失衡的大问题。"

一年以后，西武集团的高层管理人员发现：年轻的堤义明所作出的决定果然没错。因为这时的东京地产业开始大规模地崩溃，无数土地投资者在炒卖的旋涡里陷入了困境。而真正获利的，正是堤义明这样极少数目光清晰、头脑灵活的领导者。

领导者要勇于坚持自己的主见，看准了就大胆地去执行，必须立足自身，选择适合自己条件的项目，不盲目，不从众，才能独树一帜，带领企业在激烈的商战中脱颖而出。

当然，这里的主见，是一个人风度、智慧的体现，它不是固执己见、一条路走到黑。每一个人的观点和想法往往是不一样的，对与自己有异议的观点，你可以在尊重他人的前提下提出有建设性的、表示反对的意见；如果别人的意见是正确的，你也要诚恳地接受。

6. 再好的决策也经不起拖延

哈佛校训中说：我荒废的今日，正是昨日殒身之人祈求的明日；勿将今日之事拖到明日。将这句激励哈佛学子珍惜光阴发奋学习的警世恒言放到商业领域中，那就是：一旦作出正确且有效的决策，就立刻行动，绝不拖延！

任何伟大目标和伟大计划的成功，最终都是落实到行动上后取得的。即使是一项好的决策，如果不能在公司中迅速形成共识，不能付诸行动，这项决策也就等同于虚设。

A.J.S公司副总裁普希尔认为，凡是在某些行业内的领跑者，都具有迅速作出一项正确决策的能力；思虑太多，会阻碍迅速作出决策。这就是著名的"普希尔定律"。

全美第四大个人电脑制造商的创始人戴尔，常挂在嘴边的一句话是："如果你认为你的办法不错，那么不妨去试试。"

戴尔刚满12岁时，有一次跟家里人去钓鱼。当大家都已经将鱼钩甩入水中时，他却坐在沙滩上，费劲地摆弄着钓具，并将几个钓钩拴到一根线上。家人都认为他是在浪费时间，劝他说："别费劲了，快来跟我们一起钓鱼吧!"

戴尔不听,依然摆弄着他的鱼竿。直到晚饭时刻,大家都准备结束一天的活动时,戴尔才安好了那副奇特的钓竿,并把鱼线远远地抛出去,末端系到一根深插于沙土中的杆子上。大家都笑戴尔肯定会空手而归的,但是当晚饭后他把钓线拉起来时,上钩的鱼却比全家人钓的所有鱼都多。

上高中后,戴尔通过为休斯敦邮报做预付款征订工作挣了2000美元,并用这笔钱买了他人生中第一台个人电脑。电脑买回来就拆卸了,戴尔要研究它是怎么工作的。之后,戴尔又找了一份卖报纸的工作。他认为,新婚夫妇是卖报纸的最佳对象。于是,戴尔雇了几个朋友将最近登记的新人的名字和地址记下,再亲自写信给这些新婚夫妇,同时免费赠送两周的报纸。这个办法果然奏效,不久,戴尔赚了1.8万美元,他为自己买了一辆汽车。

大学时,戴尔又同样尝试着将自己的想法付诸行动并且获得了巨大的成功。他曾不止一次地回忆道:"当时,我告诉我的朋友们,我的梦想是成为世界上最大的私人电脑制造商,而朋友们当时却认为我是个十足的幻想家,都认为这个梦想是不可能实现的。但是现在,我切切实实做到了。"

世界成功学之父拿破仑·希尔认为:"要成为一名成功人士,你必须积极地努力,积极地奋斗。永远都不要对自己说'有朝一日再去行动'。"

有个寓言故事讲道:一头饥饿至极的毛驴站在两捆完全相同的草料中间,可是它却始终犹豫不决,不知道应该先吃哪一捆才好,结果活活被饿死了。其实,这种在决策中犹豫不决、难做决定的现象并不少见。成功始于果敢的决策,速度是关键。

第七章 自信果断,魄力十足引领他人

卡耐基曾请教一位俄克拉荷马州的石油商人怀特·飞利浦,如何才能把决心有效地付诸行动?怀特的回答是:"我发现,如果超过某种限度之后,还一直不停地思考问题的话,一定会造成混乱和忧虑。当调查和多加思考对我们毫无意义的时候,也就是我们该下决心、付诸行动、不再回头的时候。"

比尔·盖茨说:"未来十年内,我们所面临的挑战就是执行力。"每一个优秀的领导者都应该明白:对企业而言,没有执行力,就会逐渐失去生存的空间,最终被市场所淘汰。再好的决策,如果仅仅保存在文件盒里,将永远也不可能有生效的那天。

路易斯·郭士纳说:"一个成功的企业和管理者应该具备三个基本特征,即明确的业务核心、卓越的执行力及优秀的领导能力。"罗伯森·沃尔顿也说:"沃尔玛能取得今天的成就,执行力起了不可估量的作用。"可见,一路走来的优秀领导者对一项决策的"执行力"的重要性有着多么深切的体悟。

只有行动,才是做事的起点,每个领导者都要明白,获得成功从来都是靠"走",而不是靠"口"。因此,如果你现在有了一项相当完美的决策,千万不要一心等到时机成熟的时候再实施,因为说不定许多大好时机就在你的等待中流失,到时悔之晚矣。

第八章

魅力口才，吸引和激发追随者

1. 领导=70%口才+30%管理

一个失业的年轻人走进费城大商人保罗·吉彭斯的办公区，要求与吉彭斯先生见面。吉彭斯先生听说他一副衣衫褴褛的寒酸样，出于同情与好奇心，答应接见他。

刚开始，吉彭斯只打算听对方说几秒钟，但这几秒钟却变成几分钟，几分钟又变成一个小时……谈话结束之后，吉彭斯先生打电话给狄龙出版公司的经理罗兰·泰勒。之后，泰勒邀请这位陌生人共进午餐，并为他安排了一个很好的工作。

这个邋遢潦倒的年轻人如何能够在这样短的时间内赢得了两位大人物的信任？其中秘诀就是：他有着令人称赞的魅力口才。

事实上，这位落魄的年轻人是哈佛的毕业生，到费城来从事一项商业任务。不幸这项任务失败，他又遭到抢劫，被困在了这里。为了生存，他只好另谋生路。没想到凭着优秀的口才，他赢得了尊重，也获得了一个好工作。

第八章 魅力口才，吸引和激发追随者

卡耐基曾经说过："当今社会，一个人的成功，仅有一小部分取决于专业知识，而大部分取决于口才的艺术。"

如今，口才已经成为一个有远大志向的人通往成功路上必不可少的条件。综观古今中外的政治家、军事家、外交家、社会活动家，无一例外都是思维敏捷、口齿伶俐、善于表达的语言大师。

对于领导者来说，肩负着制订企业的发展决策、率领部属实现既定的宏伟目标这一重任。领导者的意图、意志、指标体系、工作措施和手段等，均离不开高超的语言表达才能。可以这么说，那些笨嘴拙舌的人当不好称职的领导者，因为一个连较好的语言能力都不具备的领导者，如何能在下达命令、交代事项时做到令人折服，进而尽心尽力地去执行呢？

领导者如战场上的将军，是激励手下的核心人物，也是决定事业成败的关键因素。任何一个组织，任何一项事业，都离不开领导者的统帅。而在此期间，领导者中肯有力的言辞，会使权威自立，上下一心。几乎所有的领导活动都离不开"说"，"会说"与否决定了领导行为的有效与否。

众所周知，美国的总统竞选，与其说是各方势力的较量，不如说是竞选总统的个人口才的"大比拼"，最后胜利者的口才水平都是令人称道的。比如华盛顿、肯尼迪、克林顿等，这些美国总统的口才表达能力都是备受人称赞的。

英国首相丘吉尔曾说："一个人可以面对多少人，就代表这个人的人生成就有多大。"美国前总统尼克松也不无遗憾地表示："如果让我重进大学，我将立刻学好演讲和说服这两门课。"无论是政界领袖列宁、克林顿、肯尼迪，还是商界领袖杰克·韦尔奇、卡耐基等人，都是口才高手。

事实上，一个领导者的说话能力，常常被当作考察其综合能力的重要指标。所以，能言善辩、口才卓越的领导者越来越显示出一种独特的优势。而这种借助口才的高妙的领导艺术，将会为公司营造出一个良好的人际环境，充分

调动大家的工作积极性,促进工作热情。

总之,领导=70%口才+30%管理。正像卡耐基说的:"做领导的必要素质是能够站出来说出自己的想法。"这句话恰到好处地道出了领导与口才的关系。因此,那些口才欠佳的领导者,从现在开始就付诸行动,锻炼自己的口才能力吧!

2. 用温暖得体的语言去感召别人

如果说美国总统奥巴马是个为"口才"而生的人,怕是没人会反对。就拿他的演讲来说,无论是文稿的整体布局,还是言辞的融情达意,或是激情澎湃的表达方式,都可谓精深独到。这种集传道士与推销员于一身的口才技巧,能够产生一呼百应的效果实在不难解释。

2008年,奥巴马竞选总统时,赖特问题是他遇到的最为棘手的问题之一,这位66岁的黑人牧师是奥巴马的良师挚友,但他非常痛恨美国白人。于是,这个人自然而然就成了奥巴马竞争对手的把柄。

当所有人都期待着奥巴马会站出来表态说要跟这个黑人牧师断绝关系时,奥巴马在费城发表了演讲"一个更完美的联邦",第一句话就是:"对不起,我不能跟那个黑人牧师断绝关系。"接着,他深情地道出了自己的真心话:"我不能跟他划清界限,正如同我不能够断绝我和我的白人外祖母的关系是一样的……我要接受我的外祖母,就要接受我的牧师,因为那就是美国的一部分,是我不可能脱离的……"结果,奥巴马的演讲获得了全世界的赞赏,大家甚至认为"一个更完美的联邦"和林肯的就职宣言同样伟大。这篇宣言完全征服了美国人的心。

第八章 魅力口才，吸引和激发追随者

美国第38任总统杰拉尔德·鲁道夫·福特曾表示："如果大学生活能重来，我会将注意力放在两个领域上，学习写作和学习演讲，生活中没有比有效地与人沟通更重要的事了。"

从某种程度上说，一个优秀的领导者必须具备良好的口才，他懂得春风化雨的力量，会用温暖得体的语言去感召别人，在"润物细无声"中达到管理的目的。同时，这种口才能力还会赢得他人的好感。

汤姆森是一家汽车维修公司的老板。一次，有5名顾客的车在汤姆森的公司修好之后，却拒绝付修理费。因为他们认为其中某些项目记错了。但由于每一个修车的项目单上都有顾客的亲笔签名，因此公司不承认这些账目有差错，结果双方闹得很不愉快。

在大家都期望汤姆森动用法律程序维护损失的时候，汤姆森却亲自一一拜访了这些客户，绝口不提有关欠款的事情，而是说自己是来对公司的服务情况进行调查的。

汤姆森说："我也觉得之前公司对这件事情的处理欠妥当，为此我代表公司向您表示真诚的歉意。说真的，我对您的忍耐力和力求公平的态度非常感动。正因为您通情达理，我才请求您做一件事——请您再查一下我们公司开给您的账目，因为您比任何人都更加清楚。如果有哪个地方记错了的话，那您说该怎么办就怎么办！"

结果，5名顾客都高兴地重新核对了账单。除了一位顾客以"拒付来历不明的款项"外，其他4位都按照账单数额付了款。最奇妙的是，这5位客户后来都成了汤姆森公司的长期忠实客户。

在局面僵持的情况下，温暖得体的语言总有着"化戾气为祥和"的特殊功效。很多时候，心平气和的说话方式比强制性的命令更有感召力，前者能

哈佛领导课

促进说话者与听话者之间的感情交流,二者意见容易达成一致;而后者却常常激起对方的反抗,不仅说话者最初的目的达不到,还很可能激化出更深的矛盾。

作为企业领导者,用温暖得体的语言去感召别人,这种借助口才的高妙的领导艺术,会在管理活动过程中进一步融洽领导者与被领导者之间的人际关系,为彼此共同的生活、工作创造良好的人际环境。而人际环境的和谐、舒畅,又能动地反作用于人的工作积极性,促进工作热情。如此的良性循环,正是每一个领导者所梦寐以求的。

美国得克萨斯州电视机厂因经营不善,濒临倒闭,老板花巨资聘请当时有名的管理专家山田耕夫来力挽狂澜。

山田上任伊始并未如大家想象中的那样"新官上任三把火",施展自己的权威,而是用"温火"融合了他与员工的感情。

山田不仅召集员工聚会喝咖啡,还赠送每人一台半导体收音机。当气氛融洽时,他随手指着地面说:"你们看,这么脏的环境怎么搞生产?"于是大家当即一起动手清理垃圾,使工厂面貌焕然一新。

另外,山田还亲自去拜访工会负责人。当时美国资方与工会对立,双方各不相让,势同水火。山田却主动登门拜访,希望对方"多多关照",这样温和谦逊的话使工会代表很快消除了戒备心理,对山田也亲近起来。

通常来讲,一个领导者的说话方式有魅力,他的人格也就无形中有了强大的吸引力。心理学家认为,温和的语言不似正规的社交场合那样严肃拘谨,它可以让我们的口才得以自由发挥,在一个活跃的氛围内拉近与他人之间的关系,彼此信任。

或许并不是所有的领导者都能自然而然地说出温暖得体的语言来感召他人，但这种能力却可以在后天通过锻炼获得，尤其是对于那些习惯了发号施令的"帝王"形象的领导者，学习这种具有亲和力的说话方式，尤为可贵。

3.言之有物，员工最烦领导者的大话空话

在哈佛，除非是学术演讲，否则在其他时间，你很少能看见有哪个人站出来滔滔不绝地表述自己的意见，甚至是大放厥词说些听似漂亮华丽其实却空洞无物的话。因为，哈佛的学生们知道，想要成为一个有涵养且受人尊重的人，首先就要学会少发表意见，尤其是要杜绝说空话、大话和套话。

在与人交往的过程中，空话、大话是非常致命的缺点，它将直接影响到一个人的形象与气场，给人一个没有水平也不真诚的印象。但在工作中，善于说空话、大话的企业高层为数不少，从批评、谈心，到小组会、员工大会，动辄空话、大话一大段，而员工听着也激动了一阵子，但三分钟后热情就烟消云散。

可想而知，这样的领导者必定不会受到员工的爱戴，相反，还会招致一片怨言甚至嘲笑，管理工作也难以开展。故此，领导者一定要万分注意自己的说话方式。

墨西哥前总统福克斯受邀到一所大学演讲，有一个学生问他："在你从政的经历中有没有撒过谎？"福克斯答道："不，从来没有。"下面的学生纷纷表示怀疑，窃窃私语起来。

面对这种局面，福克斯说："在这个社会上，也许一个人很难证

明自己是个诚实的人,他说的话也很容易被人认为是大话或空话。但是你们应该相信,有不少人,他们说的话却百分百是真的。"

接着,他给学生们讲了一个故事:

"有个一农场主觉得自己园中的亭子太破旧了,就准备将它拆掉。他的儿子对拆亭子这件事很感兴趣,就对他说:'爸爸,等我从学校里回来再拆好吗?'他答应了。

"但是,孩子走后不久,工人们就很快把亭子拆了。孩子放学回到家,闷闷不乐地对父亲说:'爸爸,你对我撒谎了。'父亲说:'是,我错了。'于是,他重新找来工人,将亭子重塑之后把孩子叫来,然后对工人说:'现在,再把亭子拆掉。'"

故事讲完后,学生们都问这个故事的主人公在哪里,福克斯说:"这位父亲已经过世了,但是他的儿子还活着,就是我,墨西哥总统福克斯。"

在我们眼里,爱夸口、吹牛皮的人,往往是外强中干没有多少真本事的人。与人相处,贵在讲信用,不能办到的事,实话实说远比巧言令色好得多,胡乱吹嘘只会给人华而不实之感。不说卖弄自己的话,老话说"好汉不提当年勇",少自夸几句,多表示几分谦虚,会让人对你有一定的信赖感。

因此,领导者在与下属进行沟通交流时,不要为讨员工欢心或是突出自己的领导地位而夸夸其谈,说些不切实际的大话与空话。也许领导者自己说出这些话会感到"爽",却忽略了言多必失的杀伤力。

领导者说话要言之有物,方能打动人心,继而赢得他人的信赖与尊重。要做到言之有物,最普遍的一个方法是现身说法。

所谓现身说法,即一个人用自己的经历为例,来对他人进行讲解或劝导,以增加可信度,从而达到说服对方的目的。比如美国总统奥巴马就很会运用这一手段。

在一次名为《我们的教育，我们的未来》的演讲中，为贴近学生内心，奥巴马以他幼年时接受母亲教导、从早晨4时30分开始学习为例，说他知道早起难熬。

他希望学生们以他走过的弯路为鉴，全身心投入学业。他还以妻子米歇尔的求学经历鼓励家境不佳的学生，他强调："眼下的境遇不决定你今后的地位……命运由你自己掌握。"最后，他鼓励学生们提问，说："当你需要帮助时，不要羞于开口。我每天那样做。求助不代表示弱，而是强大的标志。因为它显示你有勇气承认自己的盲点，进而学习新知识。"

现身说法的表达方式之所以能如此容易走进他人的心里，是因为它使两人站在了同一问题点上，就如同两个老朋友坐在一起讲述自己的经历、见闻、感受等，这种推心置腹的感觉令双方不由自主地放下心理芥蒂，相互之间变得亲切自然，无话不谈。

由此，领导者不妨也在日常的工作中使用这一表达方式，不仅可以有效地杜绝自己说大话、空话的毛病，还能与下属拉近彼此间的心理距离，使管理更具人性化与信服力。

4.善于运用肢体语言

奥巴马总统像许多深入人心的演讲者一样，几乎在每句话中都运用手势。他的手势表达往往能激起全场热情，将现场气氛大大活跃起来。

在《无畏的希望》演讲中，请看他的手势：

"他们（我的父母）给我取了一个非洲名字，巴拉克，意思是'上天赐福'（他将手放于胸口，表情无比虔诚）。因为他们相信，美国是一个宽容的国度（右手手指捏紧，做出一个庄重的手势）……每个人都有机会发挥自己的潜能（一只手伸向观众，似乎在示意观众，他不同意那种认为只有财富才能带来成功的想法）。我的双亲现在都已不在人世。但是，我知道，今晚他们一定在天堂注视着我，为我骄傲。

"今天我站在这里，为我的多元血统而心存感激。我知道，我父母的梦想仍在我那两个可爱的女儿身上延续。我深知我的故事只是千万个美国故事中的一个（他将手伸向观众），我深深地感谢那些更早踏上这片土地的人们。我更深知，若不是在美国，我这样的故事绝不会发生（随着话语捏紧手指，做出手势；声音中洋溢着自豪之情。观众里已有不少人站了起来为他喝彩，现场掌声雷动）。"

最后，奥巴马在向观众告别时说："感谢你们每一个人（他伸出双臂，挥手再见）。上帝保佑你们。"

奥巴马的手势有着很强的沟通效果——或是握紧拳头仿佛在敲一扇想象中的门，或是捏紧手指，或是做出手势似乎要将文字凝固在空气中，或是举起手掌示意停止……这些姿势的组合，使他的讲话更容易被理解，同时也更容易引发大家的热情，对他的好感也多上一分。

哈佛商学院有一项研究显示，在人的事业发展过程中，视觉效应是人的实际能力的九倍。这就说明，一个人的形象问题也是影响其成功与否的重要因素。

美国作家威廉姆·丹福斯在其作品中曾有这样一段描述："当我经过一个

昂首、收下颚、放平肩膀、收腹的人面前时，他对于我来说，是一个激励，我也会不由自主地站直。"这段话道出了身体语言对他人产生微妙影响的玄机。

一项著名的研究成果显示，在信息传达过程中，单纯的语言只发挥7%的功能，声调起到38%的作用，而体态、表情等身体语言却传递了55%的信息，而且身体语言往往是下意识的举动，因此更为真实、可靠。

肢体语言在人与人之间的交流中占据着不容忽视的地位，尤其对于一个受人瞩目的领导者来说，他的一举一动都会对下属产生一定的影响力。

有效地使用肢体语言，会使有个人魅力的人显得更有生气；但如果使用不当，则只能起到反作用，令交谈跌入糟糕境地。

多年以前，美国纽约市市政厅邀请瑞格去一个集会演说。事前由一位名叫明威尔的秘书做开场白。由于明威尔乍一开口就结结巴巴，听众的热情骤减。

然而，更糟的是，明威尔开始慌乱起来，他的腿不停地改变姿势，从分立变成交叉，甚至将脚尖微微相对，引起前排听众的阵阵笑声。他又赶忙将放在裤袋里的双手抽出来，环抱着，听众又是一阵骚动。结果，这种拙劣而滑稽的表演把在场听众的兴致全部打消了。

由此可以看到，肢体动作看起来很简单，但要准确无误地表达出自己的思想感情并显示出个人的独特魅力，却并不容易。

另外，还要以良好的体态给人一个精神饱满的印象，使你的话语带有权威性。弯腰驼背的模样只会给人一种颓丧感，而且对说话也不利。总之，外在的形象与风度显露着讲话者的内在涵养，只有恰到好处地运用肢体语言，才能彰显出独特的个人魅力来。

那么，对于领导者来说，身体语言的运用更是一项重要技巧，我们在使用的时候应注意以下几个要点。

（1）领导者与下属沟通时要有眼神交流

所谓"眼睛是心灵的窗户"，人的眼神有时能无意中透露出很多信息。领导者与下属交流时，适时给予下属一些积极的目光既是一种尊重，也是一种鼓励。对下属来说，领导者眼神中流露出的一点点赞赏，也会大大鼓励他继续畅所欲言。

（2）领导者的姿态要适当

领导者在与下属的沟通过程中，所表现出来的坚定、沉稳的气质会令下属心生尊敬，另外，态度一定要友善随和，不能有高高在上的姿态。在和下属谈话时，身体要自然、放松，不能太僵硬，也不能太随意，最好是离开办公桌，和下属坐在同一张沙发上，这样可以有效消除领导者和下属的"权力距"，有利于沟通的顺利进行。

（3）不能三心二意

有些领导者在和下属的沟通过程中会有不自觉的看表、翻阅文件、乱写乱画等行为，这些做法会使下属产生领导者很厌烦或不感兴趣的感觉。因此，领导者在与下属沟通的过程中一定要专注，停下手中不相关的工作，适时展现赞许性的点头和恰当的面部表情，这些都能让下属感到舒心，继而保证交流的顺利进行。

5. 不吝啬赞扬的话，委婉地提醒对方的错误

2012年10月24日，美国总统奥巴马在参加美国全国广播公司"今夜秀"节目时亲口证实，国务卿希拉里·克林顿不顾他的挽留，已经决定2013年离任。奥巴马说，他曾向希拉里表示，如果自己竞选连任成功，希望希拉里能留任国务卿，继续助他一臂之力。然而面对奥巴

第八章 魅力口才，吸引和激发追随者

马的"恳求"，希拉里还是决定辞去国务卿职务。奥巴马表示，希拉里是他最好的搭档之一，她做出了不可思议的成绩，自己为她的工作感到无比自豪。

哈佛心理学专家斯金诺，通过一项实验的研究结果发现，动物的大脑在受到鼓励的刺激后，大脑皮层的兴奋中心就开始积极调动子系统，从而影响行为的改变。同样的道理，人作为万物的灵长，期望和享受欣赏，是人类最基本的需求之一。

世界著名的体育商人马克·麦考梅克经常检视自己在实际工作中批评人与表扬人的比例是不是出现失调，一旦他发现自己训斥人的次数超过表扬人的次数时，他就会检讨自己，并寻找机会更多地表扬下属。他认为："赞扬别人不仅使别人感到舒服，而且也使自己感觉舒服，受益很多。"

一个优秀的领导者对下属不会吝啬赞扬的话，因为他知道，这句"甜言蜜语"可以在一定程度上激起下属的工作热情，并且有助于发扬下属的美德和推动彼此之间友谊的健康发展，还可以消除人际间的隔阂和疏离感，达成更好的团队合作效果。

杰克·韦尔奇在当上通用电气公司的董事长之前，曾是某个集团公司的主管经理。当时，该公司的外购成本一直过高，是令韦尔奇十分头疼的事情。但是，后来他在办公室里装了一台电话，没多久，问题就得到了圆满解决。

这是一部神奇的电话，它不对外公开，专供集团内每个采购代理商使用，只要某个采购人员从供应商那里赢得了价格上的让步，他就可以直接给韦尔奇打电话。而且全体采购人员都知道，无论韦尔奇当时在干什么，是谈一笔上百万美元的业务还是同秘书聊天，他都一定

会停下手头的事情接电话。比如，有一次韦尔奇接起电话高兴地夸奖说："这可真是太棒了，你竟然能把每吨钢材的价格压下来两角五分！你真的很了不起！"挂断电话之后，他马上亲自起草给这位采购人员的祝贺信。

就是这样一种奇特的激励方法，使韦尔奇成了下属心目中的英雄，在他这些赞美的话语中，他那些手下的采购人员个个干劲十足，业绩迅速上升。

美国著名女企业家玫琳凯曾说过："世界上有两件东西比金钱更为人所需，那就是认可与赞美。"不要小看了那一两句微不足道的赞美之词，其作用不可小觑。或许对每个领导者来说，对某个下属表示肯定和赞美不需要太多工夫，但对下属来说，那是一种渴望、一种祈求、一种需要，更是激发斗志、树立勇气的"良药"。

南美桑达公司有一条著名的"三一律"。该公司总经理安德烈·纳瓦罗解释说："我们尽可能把批评减到最少。我们有一条规律，如果你在公司内发现你自己看某人不太顺眼，你觉得他不该那样办事，你先什么话都不要说，你可以把它写下来，直到你从那个人身上找出了三个优点——可以是针对公司政策、规定或我们的某项习惯——你才有资格提出一项指正。"

卡耐基在《人性的弱点》一书中指出："每个人的天性都是喜欢别人的赞美的。赞美更容易鼓励人进步。"赞美下属是让他们获得肯定力量的源泉，具有一种不可思议的推动力量。

当然，这种赞扬是要发自内心的，肤浅的赞扬只会让人觉得乏味和空洞，受到赞扬的人不仅丝毫感觉不到荣耀，而且还会在你的言语中产生一种不安和困惑，甚至是反感。由此，赞扬他人要注意把握分寸，若不能做到这一点，结果也只能自讨没趣。

那么如何才能把握赞美的分寸呢？以下几个要点可供参考。

（1）发现值得赞美之处

一个人不见得会经常作出显著的成绩。因此，要善于发现下属的优点，并不失时机地予以赞美，这样的赞美才能打动人心，对方也能感觉到你的真挚、亲切和可信，你们之间的距离就会越来越近。

（2）赞美要及时

现代心理学研究表明，人的心理期待是有时间期限的，在这个期限内听到赞美会受到鼓舞，而超出了这个时间期限，受到激励的效果就会大大降低。所以，要把赞美放在下属最需要的时候送到。下属圆满地办妥一件事，你一旦知道了，就应该立刻给予赞美，这时赞美的效果最佳。千万不要"等等再说"，因为一时的疏忽会错过最佳时机。

（3）越具体的赞美效果越好

赞美下属必须具体。因为赞美时越具体明确，其有效性就越高。含糊的赞扬往往比侮辱性的言辞还要糟糕，像"挺好""没那么糟"，这类表述都应尽量避免。

（4）把握赞美的频率

下属在一项工作中做得十分出色，但过了一段时间就会被人们淡忘，如果你能够记住，并在多个场合多次赞美这位员工，那么，他的自信心就会逐渐增强，工作积极性也会被极大地调动起来，也许过不了多久，该员工还会做出更加令人瞩目的成绩。所以，一次性赞美是不够的，而要经常、反复地赞美，直至将你的赞赏强化到他的意识、习惯和行为中。

总之，赞美下属不仅有助于彼此之间友好关系的发展，而且还可以消除双方之间的不满和矛盾。赞美你的下属，有时也是在赞美自己，同时更是在为整个团队的业绩谋进步。

工作中，作为领导者的你在发现下属有了错误之后，是毫不留情地当面指出并予以严厉的批评,还是巧妙地给他暗示,提醒他下回注意呢?

人都是有自尊心和荣誉感的,有的人之所以不愿接受批评,主要原因便是怕触伤他的自尊心和荣誉感。为此,领导者在批评下属时,要注意维护下属的自尊,如此才能使他更乐于改正错误,领导者在下属心中不仅威严不损,还能让下属心服口服。

有些人所犯的错误对我们可能是比较直接的伤害,以至于我们往往容易发怒。但是,发怒和批评不是一回事,发怒并不能解决问题。而且大发雷霆会严重伤害对方的自尊心,增加对方的抗拒心理,不利于问题的解决。

一个人犯错后,最难以接受的就是大家的群起而攻之,这样势必会伤害他的自尊心。一个真正会批评别人的人知道处处给别人留面子,这样才能够真正达到批评的最终效果。当下属的行为让我们感到不满且愤怒时,我们不妨暂且按捺住心中的怒火,转而用旁敲侧击的方式去暗示对方,对方知道我们用心良苦,不仅会接受,而且还会心存感激。

一般来说,批评的话越少越好,能用一两句使对方明白即可。而不是喋喋不休地唠叨个不停,让对方陷于窘境,产生反感。虽然对方做错一件事情应该被指出,但做得正确的地方也应加以肯定,这样对方才会因为领导者赏罚分明而心悦诚服。

俗话说:"响鼓不用重槌。"在日常生活中,当我们需要对犯了错误的下属提出批评时,如果能够做到点到即止,那么不仅会让下属感受到如沐春风般的舒适,还能够恰到好处地体现出领导者自身的涵养。

"三明治批评法"是目前各企业领导者比较常用的方法。众所周知,三明治中间一般都是最好吃的东西,把批评指正放在赞美的中间,批评也就容易被下属消化了。美国著名的女企业家玫琳凯说:"批评应对事不对人。在批评前,先设法表扬一番;在批评后,再设法表扬一番。总之,应力争用一种友好的气氛开始和结束谈话。如果你能用这种方式处理问题,那你就不会把对方臭骂一顿，就不会把对方激怒。"

这种方法林肯也曾用过。1863年南北战争中，一连18个月，林肯的将领们带领北军一次次地撤退，几千名士兵纷纷逃亡，甚至连共和党也起而反叛，企图迫使林肯离开白宫。在这种黑暗的岁月中，林肯给那位蓄意肇事的胡克少将写了一封严厉的批评信，信中说："我任命你为波托马克的陆军首长，我之所以这么做是因为我信任你。但是现在，我对你相当不满意。"接着林肯尖锐地批评了他的野心，最后林肯还告诉他："所以我将帮助你，尽我一切力量帮你把弊病引起的邪火扑灭。"林肯在这样一封关系到国家命运的重要信中，仍然注意了批评的方法，他先赞美了胡克将军，给了他新的任务，然后再提到他严重的过失，最后又指出严厉批评的目的在于帮助他。

松下幸之助也属于在训斥的同时又加以赞美的这种类型，他在训导时常说："连你也这样干吗？""正因为是你，我才这样训你的。"这样对方虽然是挨了训，但心里是高兴的，因为他认为自己是松下器重的人。

看来，批评也是一种艺术，领导者如果能灵活驾驭这种方式，就可以在管理下属的过程中得心应手，带领他们做出更大的成绩来，进而大大提升自己的威望。

6.领导者要培养"听"的艺术

史蒂夫·鲍尔默在哈佛大学读二年级时，认识了比尔·盖茨。1980年，比尔·盖茨找到鲍尔默，之后他成了比尔·盖茨的得力助手，并担任微软首席执行官。在一次采访中，鲍尔默被问道："作为一名领导者，还有哪些地方需要改进？"对于这个问题，他的回答是："我很忙。我的大脑时刻不停，即使听完一个人说的事情，但不能真正消化理解这些东西，人们都会认为你没有在认真倾听……但话说回来,如果你真想激励人干好工作,那就必须倾听他们所说,并让他们感觉到你是在倾听。所以说,我要学着适时慢下来,在这方面多做改进。这对我及周围的人都有好处。"

美国哈佛前校长查理·爱略特曾说:"人和人之间的交往,并无所谓的秘诀,最重要的是,要专注眼前同你谈话的人,这是对那人最大的尊重。"

洛克菲勒说:"我愿意付出比得到其他本领更大的代价来获取与人相处的本领。"成功学大师卡耐基也表示:"专业知识在一个人成功中的作用只占15%,而其余的85%则取决于人际关系。"从某种程度上来说,与人相处的过程也是与人沟通的过程,而沟通的最高境界就是会倾听他人。

对领导者来说,"听"不是一件容易的事,但又是有效沟通的关键。每一个领导者都应将用心倾听下属内心的想法排在工作的首要位置。这样,在决定组织策略以及执行各项事务的时候,才能够采取正确的措施。

万豪国际酒店集团的董事长兼CEO小马里奥特,是个喜欢使用走动式管理,并以四处巡视旗下酒店为乐事的领导者。

有一次,他巡视到旗下的一家酒店时,注意到顾客对餐厅女招待员的服务评分不高。他了解到女招待员的待遇要比市场标准低,他很纳闷,质问经理为什么会出现这种情况。经理的回答是:加薪要由总公司决定,自己无权过问。

对话不过30秒,但是小马里奥特发现了三个严重的问题:第一,总公司管得太多;第二,高层重视利润胜过顾客满意度;第三,经理不敢提加薪要求,说明他的上级是糟糕的倾听者。当然,最终小马里奥特解决了这三个问题。

这是关于怎么作出决策的完美案例,但是在小马里奥特看来,这

第八章 魅力口才，吸引和激发追随者

更是一个关于倾听的案例。他说："我所做的，只是改变这位经理什么都不说的习惯，并且告诉他，有人愿意倾听他的问题——这是他的上级主管显然不愿意做的事。"

在小马里奥特的带领下，万豪集团进入了《基业长青》一书赞誉的"高瞻远瞩的公司"行列，与IBM、通用电气、索尼等公司排列在一起。

管理者最大的错误就是刚愎自用。要知道管理者是人不是神，再怎样伟大的"董事长"都不可能是三头六臂、全知全能的"超人"。而唯一能够弥补管理者能力之不足的办法，就是以民主作风集思广益，察纳雅言。所以，真正英明睿智的领导，都不是凡事他一个人说了算的家长式管理，而是能够倾听公司里不同的反映，并对此作出良好的反馈。

我们做任何事情，都要讲究"用心"二字，与人交谈也是如此。如果没有用心去倾听，可能很快就会惹来对方的不快，甚至拂袖而去。就像洛克菲勒所说的那样："和一般人所相信的刚好相反，在对话中，聆听者才是拥有权力的人，而非陈述者。"

俗话说："会说的不如会听的。"很多时候，一个善于倾听的领导者能够通过这种沟通方式来鼓励下属、以示对他们的尊重和信任，同时也是调动下属工作积极性的有效方式。

20世纪80年代末的一天，柯达总裁乔治·伊斯曼收到一份来自一名普通职工的建议书。这封建议书中呼吁生产部门将玻璃窗擦干净。虽然这个小建议看起来微不足道，但却让伊斯曼看出了其中的意义所在。他认为，这是员工积极性的表现，于是立即公开表彰，并发放奖金。世界管理史上著名的"柯达建议制度"就此建立。

一周后，按照伊斯曼的要求，公司走廊里专门设立了一个"意见箱"，收集员工对公司、领导者的各种意见和建议。每天下班之前，专职秘书负责将建议送到有关部门审议，作出评鉴。另外，公司设有专门委员会，负责审核、批准、发奖。对不采纳的建议，也要用口头或书面的方式提出理由，如果建议人不服，可由厂方协助进行试验，以鉴明该建议有无价值……

仅仅一年的时间，该公司员工就提出建议180万个，其中被公司采纳的有60万个以上。伊斯曼高兴地说："这种建议制度在降低产品成本核算，提高产品质量，改进制造方法和保障生产安全等方面起了很大的作用。"

无论在什么时候，善于听别人的意见都是一件好事。企业家玫琳凯·艾施认为，从倾听员工的意见中往往获益匪浅，她说："正是因为借着倾听员工的意见，我们才得以发展出顾客真正需要的产品。因此，我们的产品发展和其他没有此种回馈的化妆品不太一样……我们的业务部门会告诉我们'顾客想要这种尺寸的小粉饼''顾客想要这种颜色'等。知道这些需求后，我们的研究发展部门再推出顾客所需要的产品。所以，当我们推出一种新的防水睫毛膏时，它可以满足顾客早先向业务人员表示的需要。"

当然，员工提出的建议未必都是正确、有用的，但领导者的风度就表现在对于那些错误的、无用的谏言之包容力。如果你能包容那些错误的言论，那些正确的、有用的建议就会从员工的口中说出来，员工的创造力和智慧就能被充分发挥。

7. 适度自我调侃，营造良好气氛

哈佛人说话大都谨慎而谦逊，但千万不要以为他们不善言辞。相反，他们身上的幽默细胞相当发达，你会从他们的言谈中感到无比欢乐畅快。比如从哈佛出来的奥巴马总统。2012年8月14日，奥巴马给美国国家航空航天局打电话祝贺上周"好奇"号火星车成功登陆，并开玩笑说如果探测器发现火星人，一定要"立即"告诉他。此外，他在为争取总统连任的一个筹款活动中自嘲说，自己不是"飞人"博尔特，在整个总统选举过程中他都需要尽全力冲刺。这句话让听众们着实大笑一番。

生活中，谁都避免不了会有一些尴尬的事情发生。但如果能运用诙谐幽默的语言和表情，调侃一下，便能轻松化解尴尬，不仅为自己挽回了面子，还顺势给了对方一个台阶下，让彼此之间的交流继续顺利地往下进行。

威尔逊担任美国新泽西州州长的时候，有一次，他到纽约出席一个午餐会，主持人在向别人介绍他时，说他是"未来的美国总统"。这句无意间的恭维话一时让在座的其他人不知如何自处，很没面子，产生相形见绌甚至仇视之感，因为大家同样有着不俗的身份和地位。

场面顿时很尴尬，大家的目光都聚集在了威尔逊身上，含着不满与不屑，甚至还有怨恨。为改变这一场面，威尔逊灵机一动，起立致辞。在几句开场白之后，他说："我想先给大家讲一个有趣的小故事，因为我感到自己很像这个故事里的人物。有一个人在加拿大喝酒过了头，结果在乘火车时，原该坐往北的火车，却乘了往南的火车。

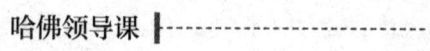

大伙发现这一情况,急忙给往南的火车的列车长打电报,请他把名叫约翰逊的人叫下来,送上往北的火车,因为他喝醉了。很快,他们接到列车长的回电:'请详示约翰逊的姓,车上有好几名醉汉,既不知道自己的名字,也不知该到哪去'。"

顿了顿,威尔逊又说:"自然,我知道自己的名字,可是我却不能像主持人一样,知道我的目的地是哪里。"

睿智妙语就是这样以急中生智和灵活的思维,化解尴尬,破除敌意,缓和气氛。这是一种大智慧,既申明立场,又不伤和气。威尔逊幽默的谦逊,平复了众人不平衡的心理,使众人感觉摆平了面子,带动了现场的气氛。

真正大气之人,无不拥有一个广阔的胸襟,他能够将嘲讽的矛头对准自己,使自己在他人眼里极富人情味,从而缩短自我与他人之间的距离,使自身的形象又好上一分。这对于每一个身居高位的领导者来说都无比重要。

由此,作为领导者,不管是为了自我保护,还是为了对付窘境,都请学会一点幽默的自我调侃技巧吧,它能让你与员工或其他同行相处更加融洽,交谈更加顺利,办事更加有效率,你的幽默、亲和的态度同时也会为你的形象大大加分。

但需要注意的是,自我调侃也要把握好尺度,因为它不等于自我辱骂与贬低,也不是刻意出自己的丑,而是以制造宽松和谐气氛为目的的幽默方式。那么,我们该如何做到有分寸的自我调侃呢?

(1)学会"笑"自己

我们都应该学会"笑"自己,即能够幽默地洞察自己。勇敢地将理想中的自己和实际上的自己对照,坦然接受这样悬殊的落差。当某件突发事件使自己处于尴尬状态时,不是躲避现实或是埋怨他人,而要自我解嘲,自搭台阶,缓和气氛。此时,自我调侃和贬抑的"阿Q"精神值得提倡。

第八章 魅力口才，吸引和激发追随者

（2）自嘲不可滥用

自嘲虽具有一定的幽默功能，但同时也有明显的局限性，在使用时应审时度势，相机而用，而不宜到处滥用。比如，在唇枪舌剑的辩论场上，就不宜使用自嘲，而应坦率诚实地吐露思想观点，介绍情况，回答问题。如果不看场合时机，随意使用自嘲，就会让人趁机抓住把柄，弄巧成拙。

（3）自嘲态度要随性，但不能玩世不恭

其实说到底，自嘲具有积极意义。自嘲者不过是采取了一种貌似消极，实为积极的促使交际向好的方向转化的手段。因此，一般自嘲者的态度都比较随和、自然，而并非玩世不恭，因为这样一来就会给人一种消极的、不负责任的态度，就会失去任何积极意义，对方也对你的印象大打折扣。

（4）运用自嘲要适可而止

通常情况下，运用自嘲应是"点到为止"，让人意会即可，不能一味放纵，喋喋不休。过度的自嘲，也会导致交际出现危机，因为人在自嘲的同时也具有"嘲人"的刺激作用，进而言之，如果恣意运用自嘲指桑骂槐、含沙射影，那后果会很糟。

8.顺毛摸永远强过逆鳞捋

Facebook创始人马克·扎克伯格在创业初期，招募的员工都是他的朋友或同学，这些人无论在学识上，还是其专业能力都是佼佼者，也都是个性十足、以自我为中心的"另类"。或许是同类人的原因，马克·扎克伯格通过描述公司发展前景、上市后股份的分配，鼓励他们为Facebook进言献策，做自己想做的事，而不是拘泥于目前所在的岗位……使公司处于一种和谐、向上的状态，让员工充分发挥各自的能力。

众所周知，毛驴的普遍特点是比较倔，不易听人使唤，比如在做农活时，稍有不满就罢工，并且越打越犟。但只要你顺着它的性子来，它反而干得特别卖力。将毛驴这一特点放在现实中的人身上也十分具有可比性。

无论是在企业还是在机关单位，作为领导者，都难免会遇到一些倔强似毛驴的下属，如何管理这些下属，尤其是在他们出现错误的时候，如何与他们保持一种良性沟通，经常成为困扰这些领导者的难题。

管理大师彼得·德鲁克曾指出，对待性格倔强的下属应该像动物园里面的驯兽师一样，"牵狮子只能顺着它的毛摸"。我们知道，在猛兽里面，狮子是最不好管束的，但是如果管理员总顺着它的毛摸，它就会乖乖听话。

因此，作为一个成熟的领导者，通常都懂得用一种比较温和的方式来巧妙地管理下属，即先顺着他们哄着他们，将感情基础打好，然后再逐步施展作为一个领导者的权威，从而达到有效管理的效果。

罗伯特是美国一家珠宝商店的经理，鉴于他本身是个脾气比较强硬的领导者，再加上公司新招进来的两个员工也是吃软不吃硬的性子，罗伯特与他们时常有矛盾产生，有时甚至相互对垒大喊大叫。

但是，因为当时的形势不容易招到人，再加上这两个人确实有着不俗的才能，罗伯特只好对他们一忍再忍。直到有一天罗伯特再也忍受不了，怒气冲冲地找到当时声望很高的成功学大师戴尔·卡耐基，向他请教如何与这样又倔又犟的员工相处。

卡耐基听完他气急败坏的控诉之后，问他："你经常以现在这样的态度来教训和责备你的下属吗？"

罗伯特气愤地说："不错，那两个家伙太难管了，你知道吗？他们总是会有跟我不同的意见，我告诉他们这是不对的，他们就是不

第八章 魅力口才，吸引和激发追随者

听，还跟我犟嘴。但当我终于把他们说服以后，他们却又对我不理不睬，还不按我说的去做，真是太过分了！"

卡耐基笑着说："你不妨试着先顺从他们。"

"什么？顺从他们！"罗伯特高声叫道。

"对，"卡耐基说，"再次遇到问题时，先不忙着与他们争辩，而是顺着他们，就算你十分不情愿按照他们的说法去做，也不能立刻发火，不如好言相劝，安抚他们一番再说。"

罗伯特半信半疑，但卡耐基坚定的目光给了他鼓励。

十天后，罗伯特邀请卡耐基到一家酒店用餐，他满脸兴奋地对卡耐基说："你的这套方法真管用。与你告别之后回到公司的第二天，我与他们又起了冲突，但我控制住自己没向他们发火。后来我们心平气和地沟通，没想到他们竟一致认可我的观点，这实在是太棒了！"

很多领导者也许会对"哄"下属很不屑，他们觉得下属应该像孔雀一样，主动地到自己的面前来展示，怎么可能要自己"屈尊"去"抬举"他们呢？其实这种想法大错特错。一个聪明的领导者懂得以情管人，让下属感觉到领导者是在注意他、关怀他、信任他，他就算有一些驴脾气也是不好意思和领导者发作的。

在一个团体或组织内，领导者本来就是处于一个核心的位置，就算他什么都不做也自然会让下属感觉到有一种高高在上的感觉。但同时也有很多领导者发现，下属不会在明里违抗自己，而且在面前也会表现出相应的尊敬，但他们却不愿意过多地亲近自己。这时如果领导者再有意无意地刁难下属，或者对他们的错误横加指责的话，那么下属对领导者的恶劣看法就可想而知了。

有着倔脾气的下属，就好比"恃才傲物"的斗士，不会随意听从指挥。如果他们认为领导者不是伯乐，那么他们不听话不说，稍有不顺心还喜欢

"炝蹶子"。只有欣赏他们，顺着毛摸才能够征服他们，他们才会心甘情愿地追随领导者。

所以，下属闹情绪，领导者千万不要跟着发脾气，那样只能落得个彻底"摊牌"的结果。原本可以成为亲信的下属会变成你的死敌，给你的领导位置周围骤然平添一层厚厚的乌云。管理是一个统筹的工作，每个环节、每位下属都很重要，精密的转轴少了一根螺丝就会出问题。领导者最需要的是气度，有气度才能泰然面对各式各样的下属。

第九章

胸怀宽广，才能成就博大的事业

1.不搞"一言堂"

哈佛非常重视学校的管理工作，他们认为管理的优劣会直接影响到学校的发展和教学质量的提高。因此，在哈佛有着一套完备的评价和奖励体系。学校通过考试检查学生的学习质量，通过评价系统来检查教师提供的教学服务质量。这就从根本上杜绝了哈佛领导层的独裁管理方式，从而使评估工作变得公平、公正、民主。

企业中，领导者往往掌握着公司大部分的经营权和管理权，其中不少领导者喜欢搞"一言堂"，听不得下属的意见。他们抱着"你愿意干就听我的，不愿意干就走人"的心态，把自己的权力发挥得淋漓尽致。不得不说，这种领导方式真是企业的不幸，职工的大不幸。

"一言堂"并不代表领导力，当"一言堂"不那么响了，下属们便会认为"一把手"不硬了，领导班子不得力了；只有"一言堂"里板子拍得当当响，人们才觉得老板有魄力。当公司里无意中形成了这种风气时，必然会对将来的发展与竞争产生不利的影响。

休厄尔·埃弗里出任沃德公司CEO时，该公司正面临着870万美元赤字的严峻形势。

埃弗里刚上任便聚集了一批年轻有为的骨干人员，并在沃德公司的进货中增加许多高档商品，使公司重新进入了时尚商品市场。12年后，他已把公司1931年870万美元的亏损扭转为1943年2043.8万美元的盈利。

但在公司经营顺利时，埃弗里以铁腕手段控制着沃德公司，不接受任何异己之见。在他任职期间，有3位总经理、24位副总经理和许多其他高级管理人员先后离开了公司。

由于埃弗里的独裁，公司很难留住那些能干的精英，导致决策时众人均是缄口不言的情况，最终铸成了公司战略性决策的失误。公司先是丧失了发展机会，后又在竞争中败北。

当企业领导者成为"一言堂"堂主的时候，也就是彻底失去员工信任的时候。员工的积极性被挫伤，就会产生对抗情绪，即使在管理者想要征求意见时，也会反应冷淡。而且，管理者将制定决策的大权独揽在自己手里，就会让员工失去责任感。这样，在执行决策过程中，员工就会敷衍了事，以至于整个组织的竞争力大大削弱。

特别是在企业规模扩大的情况下，企业面临的不确定性因素也在逐渐增多，管理者一个人的智慧有许多局限性，不能对问题有个全面的考虑与解决。而且即便领导者作出了最终决定，也不会得到员工的拥戴和欢迎。如此看来，领导者摒弃独裁式的管理方式，无论对于调动员工的积极性还是促进企业的发

第九章 胸怀宽广，才能成就博大的事业

展来说，都是必要的。

微软公司是世界上最著名的企业之一，微软创始人比尔·盖茨就是一位非常民主的领导者，具有海纳百川的胸怀。

在微软，盖茨非常提倡民主氛围和主人翁精神，他将每位员工都设置为一个虚拟团队的"Owner"，在这个团队内，每位员工都是领导者，团队成员自我管理。而微软的中层领导者就成为"Owner"的教练，教会每位员工如何管理这个虚拟团队，帮助他们成功。

在微软的管理层，人们听到高级经理最常说的一句话不是"你应该做什么"，而是"我能为你做什么"。由此可见，在微软这个全球管理理念最先进的企业内，民主就是他们取得成功的决定力量之一。

在一个复杂的组织内，必然存在着许多复杂多变的情况，如果单靠领导者的独裁式管理，就很容易出现很多没有明确归属的工作，而这些工作如果不能及时处理，就会导致整个组织效率低下，并出现各种各样的冲突和矛盾。所以，要想使一个组织内部的各部门之间工作协调，管理者更多的是依靠民主的力量，而不是做"一个人说了算"的"祖师爷"。

在任何组织内，没有人愿意成为他人独断专行的牺牲品。既然如此，将心比心，作为领导者的你就不要采用独裁的方式管理下属，要知道这种方式既不得人心，又没有效率，更不利于公司的长远发展。当一个领导者开始学会倾听并能认真考虑员工的想法后，才是他成熟的标志，并且无形中给了员工更多的认可、信任和提升。

2. 坦然承认自己的错误

哈佛人大都是极具责任感和担当力的人，就拿那些当年从哈佛毕业、而今已是各行各业重量级人物来说，例如通用电气公司董事长、美国总统、美国财务部长等，这些精英掌管着一个企业甚至一个国家，如果没有强烈的担当力，如何能取得今天举世瞩目的成就？

一个没有责任感和担当力的领导者无疑是失败的，他没有豁达的气度和宽容的胸襟，就算有了过失也不能勇敢地承认，实在令下属心寒。

英特尔前总裁安迪·格鲁夫曾说过："我们所有处于管理岗位的人，无论男女老少，都担心一旦承认错误，就会毁掉自己千辛万苦赢来的尊敬。但事实上，承认错误的确是力量、成熟和正直的标志。"作为领导者，难免会犯错，但犯错并不可怕，关键在于犯错后的态度。

美国戴尔电脑公司的效益一直令同行称羡，其秘诀之一就是迈克尔·戴尔能坦然地承认自己的错误。

2011年，戴尔公司在内部做了一次调查，结果显示，有高达半数的员工表示一有机会就将跳槽。原因很简单，员工们普遍认为戴尔不近人情，因而对他也没有强烈的忠诚感。

但尽管是这样，大部分员工还是留了下来，年复一年地努力推动着公司快速成长。这般惊人的成就与内在的矛盾并存，令人不得不深思——迈克尔·戴尔除了以"直销"赢得盛名之外，他还有什么过人之处？其实，秘诀就在于戴尔能坦然承认自己的错误并加以改进。

戴尔曾对手下20名高级经理认错：承认自己过于腼腆，有时显得

第九章 胸怀宽广，才能成就博大的事业

冷淡，并且承诺将和他们建立更紧密的联系。员工对"极度内向"的戴尔这一公开反省非常震惊——如果戴尔都可以改变自己，我们又有什么理由不效仿呢？就这样，大家为戴尔公司的发展齐心协力，终于将戴尔公司打造成世界级著名企业。

一个领导者适时地进行自我批评并非自贬人格，更不是示弱服软，它是一种道义上的担当，是一个人自身涵养的体现。而那些犯了错误死不认账，试图文过饰非的人，虽然摆出一大堆道理说得头头是道，却往往得不到他人的支持，反而备受人反感。

领导者也是凡人，不可能不犯错，重要的是在犯错之后能迅速而坦诚地承认。领导承认错误是勇敢、诚实的表现，不但能融洽人际关系，创造平和氛围，而且能提高领导者本人的威望，增进与员工之间的相互信任。因为，令员工们由衷信服的领导者都是敢作敢当、绝不推卸责任的领导者。

美国强生公司曾经生产过一种叫作"泰诺"的非处方止痛药。但是不幸的是，有人用针把氰化钾注射到药里，导致发生死亡事件。虽然这并不是强生公司的错，但作为公司CEO的吉姆·伯克立即登上电视台诚恳地做了一番自我批评。

吉姆·伯克说："都是我们的错，我们没有考虑到药瓶子的质量，使得它容易被人打开，我们公司有责任，我向大家道歉。"

紧接着，强生公司立刻采取行动，把所有药店货架上的泰诺全部撤回销毁，并马上研制生产一种非常安全的药瓶，打开就能被察觉，很难再被动手脚。强生还承诺，大家可以拿老的泰诺来免费换取新的泰诺。

吉姆·伯克的这项决定对公司造成将近一亿美元的损失。他表

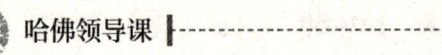

示,等到处理完这次危机他就辞职。

大家都非常赞赏强生的行为,民众纷纷购买强生公司的产品,强生股票也随之升值,不到一年时间就挽回了全部损失。吉姆·伯克非但没有因为此事件离职,反而得到了更多员工的尊重和跟随。

不要觉得检讨自己把责任往自己身上揽是件很傻、很不实惠的事情,事实上,检讨自己更意味着你的进步,因为只有看清楚自己身上的错误,你才能一点一滴地改正它,否则,只能永远原地踏步。

习惯于将过失推卸给他人的领导者,表面上看他在维护自己的领导尊严,实际上却失去了人心,导致下属与之离心离德,意志消沉,最后只能是使企业受损。

总之,领导者主动承认错误、进行自我批评时所表现出来的大度、正直的行为,正是一个好的领导者所必备的素质。它在某种意义上会使已失去的威信得到恢复,乃至强化威信,以后批评员工的错误时也理直气壮。

3. 懂得欣赏,而不是挑剔别人

美国哈佛校训上有这么一句话:"不要批评别人的行为,除非你知道他为何那么做。你在同样的情况下也可能会如此。"哈佛人一直认为,与其把所有可能成为伙伴的人得罪光了,还不如用心把他们都变成朋友。正是因为这种思想,哈佛"江山代有人才出",一代又一代的哈佛人走出校门后做出了非凡的成就。

经济学上有个名词叫"木桶效应",说的是一个木桶的盛水量是由其最短的那块木板所决定的。然而在用人方面,领导者却应该采用"逆木桶效应"的

第九章 胸怀宽广，才能成就博大的事业

思维去考虑，即对一个人的运用，应该是由其最突出的才能决定。

所谓"不拘一格降人才"，面对一群同样的下属，有的领导者能够把他们融合得非常好，带领他们取得很好的成绩；但有的领导者管理的下属却是一盘散沙。产生这种差别的原因，关键问题就在于前者的着眼点在下属的优点上，而后者却始终盯着下属的缺点不放。

松下幸之助特别要求，公司所有层级的管理者，绝不可以在下属面前肆无忌惮地炫耀自己的才能和智慧，但却要欣赏员工的才能和智慧。因为，自我炫耀总会冲昏头脑，导致办事的失败；而欣赏别人，却能在一定程度上激发对方的才智，提高效率。对领导者应采取欣赏而不是挑剔的用人方法，松下对此有精彩的论述："身为一个领导者，如果总觉得员工这也不行、那也不行，用鸡蛋里头挑骨头的心态来观察部属，不但下属不好做事，久而久之，领导者自己也会发现周围没有一个可用的人了。所以当他想要分派任务时，一定觉得不放心而犹豫不决。"

我们知道，如果一个人总是挨骂，他的情绪一定会大受挫折，信心也在不知不觉中消失殆尽。一旦整个人在精神上萎靡不振之后，就算有高超的智慧、才能，也难以发挥了。

所以，领导者如果能以欣赏的眼光来观察下属的优点，那么下属将因受人尊重而振奋，对于上司交代的工作，也能愉快地完成。如此不但能发挥出惊人的工作效率，甚至还能挖掘出优秀的人才。

著名的管理学大师彼得·德鲁克在其著作《有效的管理者》一书中曾指出："倘要所用的人没有短处，其结果至多只是一个平平凡凡的组织。所谓'样样都是'，必然一无是处。才干越高的人，其缺点也往往越明显。有高峰必有深谷，谁也不可能十项全能。"他还说："一位管理者如果仅能见人之短而不能见人之长，因而刻意于避其所短而非着眼于展其长，则这位管理者本身就是一位弱者。"

但是现实却是，并非所有的领导者都能听得进管理大师的建议，我们在日常工作中就总会看到一些这样的领导者，他们喜欢吹毛求疵、求全责备；总喜欢挑剔下属的不足和毛病，什么都要求下属做到最好，还一点都不能出错……因此我们也可以看到，他们的身边几乎一个有才华的人也没有，而总是被那些碌碌无为但四平八稳的庸才包围。

有句话说，"没有无用的员工，只有不会用人的老板"。在一个擅长管理、擅长挖掘人才的领导者眼中任何一个下属都是一块宝，关键在于如何使用才能人尽其才。作为领导者，你是不是也常常为某个下属有着这样或那样的毛病而头疼呢？其实，在他这些毛病的背后很可能就是你的过于挑剔，不懂得欣赏的管理方式。

总而言之，人无完人，在用人时，领导者就应该明确地认识到，自己的任务不是让下属克服各自的弱点而是让他们发挥各自的长处。打个比方说，如果你的眼睛老是盯着下属的缺点，那么即使是一块璞玉，你也发现不了他的美丽；相反，如果你懂得欣赏，那么即使是一块顽石，你也能最大限度地挖掘他身上的价值。

4. 没有必要憎恨自己的对手

比尔·盖茨一次在奥马哈的专访中盛赞竞争对手苹果公司："苹果是一家令人惊叹的企业，他们的市盈率并不是很高。苹果不是一家投机的科技公司，所以它是一家值得投资的企业。全球顶尖的科技公司，目前都拥有着很不错的盈利能力，但是苹果的盈利能力是其中最高的。"

一说起"竞争对手"，许多人的第一反应就是"敌人"。因为显而易见，竞争通常是和利益挂钩的，而人与人一旦在利益上发生冲突，那么面临的就是

第九章　胸怀宽广，才能成就博大的事业

"争夺大战"。于是，在现实生活中，许多人总是诅咒自己的对手，或者因为自己遇到了一个强劲的对手而忧心忡忡。

我们都犯了一个致命的错误，每个人都应该为自己有一个对手，甚至是强大的对手而庆幸，为自己遇到的艰难境况而庆幸，因为这正是你脱颖而出的机会。

> 非洲大草原奥兰治河两岸繁衍生息着大量羚羊。一位动物学家经过细心研究，发现东岸羚羊的繁殖能力比西岸的强，奔跑速度也要比西岸的快。但是，这些羚羊的生存环境和属类都是相同的，饲料来源也一样——为什么会有那么大的差距呢？
>
> 于是，他在东西两岸各捉了10头羚羊，把它们分别送往对岸。结果，运到东岸的10头羚羊一年后繁殖到14头；运到西岸的10头羚羊只剩下3头，那7头全被狼吃了。
>
> 现在，你一定可以明白，东岸的羚羊之所以强健，是因为在它们附近生活着一个狼群，西岸的羚羊之所以弱小，正是因为缺少了这么一群天敌。

没有天敌的动物往往最先灭绝，有天敌的动物则会逐渐繁衍壮大。对手的力量会让一个人发挥出巨大的潜能，创造出惊人的成绩。

不憎恨对手，是件很难做到的事，因为绝大部分人看到对手都会咬牙切齿，都会有灭之而后快的冲动。即使环境不允许或没有能力消灭对方，至少也会保持一种冷漠的态度，甚至会说一些让对方不舒服的嘲讽话。可见，要做到与对手和谐相处并不是件易事。

正因为难，所以人的成就才有高低之分、大小之别。也就是说，能做到不憎恨自己对手的人，他的成就往往比不能爱对手的人要"非凡"一些。

对于领导者来说，尤其是在如今公司与公司之间一方面有着激烈竞争，另一

方面又保持着一定合作的社会大形势下，竞争双方虽然在利益问题上互相威胁，但如果能合理利用这个"威胁"，兴许还能取得意料之外的惊喜。

  美国著名石油公司美孚集团前总裁洛克菲勒一生中树敌无数，因为他们之间存在着一种难以调解的矛盾——利益的冲突。但即便是这样，洛克菲勒也没有将竞争对手视为眼中钉肉中刺，而是怀着一种欣赏、重视的心态去面对。

  洛克菲勒为了控制石油行业，达到自己在这一领域彻底垄断的目的，成立了一家名为"南方开发公司"的控股公司，计划凭此公司来吸收并控制一些有影响的石油公司。这时候，一个名叫阿吉伯特的实业家站出来与洛克菲勒对着干。

  阿吉伯特提出了一个对策——大封锁，计划成立生产者同盟，并组成自卫武装，限制向洛克菲勒集团提供原油。同时，他还印刷了3万份传单，分别送给华盛顿联邦议员和州法院。一时间，舆论大哗，各界人士纷纷指责洛克菲勒心狠手辣，为一己私欲而置他人生死于不顾。

  在这样重大的压力之下，南方开发公司尚未成立就流产了，洛克菲勒经历了平生第一次大失败，也遭遇了平生第一位强敌。

  但是，洛克菲勒并没有将阿吉伯特视为头号打击报复对象，也没有萌生坚决与之抗争到底的信念，而是开始逐步接触这个年轻人，同时采取种种策略来分化、瓦解那些结成同盟的石油小生产者，打破了他们的封锁计划。

  不仅如此，洛克菲勒还用三寸不烂之舌把阿吉伯特说服拉拢到了自己的阵营中来，并给予他优厚的待遇，以及十二分的信任。这让阿吉伯特大为感动，从此全心全意帮助洛克菲勒完成了一统天下的霸业。

第九章　胸怀宽广，才能成就博大的事业

生意之间的来往，有合作也有竞争。商人为了利益互相角逐，商场上少有情面可讲，这就是所谓的"同行是冤家"。但是，正所谓"不是冤家不聚头"，很多时候，"冤家"往往决定着你的兴衰成败，当然，你的处理方式在此期间起着相当大的作用。

英国前首相帕默斯顿曾经说过，"大英帝国没有永远的朋友，也没有永远的敌人，只有永恒不变的利益"。他的这句话曾被当作外交界的至理名言。其实商场也是如此，在与对手发生利益竞争的情况下，如果退一步会对自己有益，那么化敌为友也未尝不可。

曾经有一间生意不错的小杂货店，有一天它的对面新开了一家大型连锁商店，这家商店即将打垮小杂货店。小杂货店老板一筹莫展之际，有人告诉他：如果你仇视它，仇恨便成了你真正的对手。建议你每天早上站在你的小杂货店门前祝福自己生意兴隆，然后转过身去，也同样地祝福那家连锁商店生意红火。一段日子后，正如这人当初所担心的，他的小杂货店关门了。但他却被聘为那家连锁商店的经理，而且收入比以前更多。

可见，人际交往中的博弈，最终目的就是大家都得到最大化的利益。而如果一种友好的解决方式就能达到这样的效果，我们又何乐而不为呢？

5.学会听取反对的声音

哈佛自由、包容的学术氛围造就了胸襟开阔的哈佛人。他们在遇到问题并需要对此作出决断时，哪怕遭遇强烈的反对，也会虚心接受——或是从长计议，或是察纳雅言，或是坚持己见。但无论最终的

决定如何，哈佛人在听取反对声音的时候，也是保持着一种积极并且平静的态度，这在从哈佛走出来的各行各业领导者身上可见一斑。

身为一个企业领导者，我们决不能像老虎一样当孤家寡人。在遇到各种问题时，如果要与下属们保持良好的沟通，就要听取不同的意见，特别是要听得进反面的声音。只有这样，才能避免形成"一言堂"的企业文化，从而提高每个员工的责任意识，增加企业的凝聚力和向心力。

美国芝加哥市郊外有一个制造电话交换机的工厂，叫霍桑工厂，其医疗制度、娱乐设施和养老金制度等都较完善。但令人不解的是，很多工人仍对工厂心怀不满，工作起来也带着愤愤不平的心情。可想而知，工厂的生产状况十分惨淡。

1924年11月，美国国家研究委员会组织了一个由心理学家等多方面专家参加的研究小组，带着困惑在这个工厂开展一系列试验研究。其研究的中心课题是"生产效率与工作物质条件间的相互关系"。

而在这一系列试验研究中有个很受人瞩目的"谈话试验"，具体方法是专家们要耐心倾听工人对厂方的各种意见和不满，并做详细记录；对工人的不满意见不准反驳和训斥。这个方法一直实施了两年多，专家们与工人个别谈话多达两万余人次。

这一"谈话试验"收到了意想不到的效果：霍桑工厂的产量大幅度提高。这是由于工人长期以来对工厂的各种管理制度和方法有诸多不满，无处倾诉，"谈话试验"使他们这些不满都发泄出来，从而感到心情舒畅，干劲倍增。

这就是心理学上著名的"霍桑效应"。

第九章　胸怀宽广，才能成就博大的事业

"霍桑效应"也给了领导者这样的启示：懂得适时倾听的人要比只会夸夸其谈的人更受欢迎，倾听能够使自己更加了解对方的好恶，更能准确地把握对方的心理，获得与其沟通时的主动权。因此，对于领导者来说，做一个倾听的高手，能让自己的管理工作更加得心应手。

在日常工作中，有些领导者总觉得自己比下属高明得多，懂得多，总是高高在上，不愿听取下属的建议或意见，或在对方反映情况时打断其谈话，而自己发一通高论。如此便会阻塞信息渠道，使下属对领导者敬而远之。

人类发展史证明，一切促进社会政治、经济和文明发展进步的决策，都离不开对不同意见或反对意见的兼收并蓄的包容。俗话说"良药苦口利于病，忠言逆耳利于行"，民众提出的意见敢于揭露矛盾甚至直指要害，蕴含着巨大的智慧和力量，更有利于领导者在决策中时刻保持清醒头脑，最大限度地减少和避免决策失误。

要想做一位精明的领导者，做一位明辨是非的领导者，就必须做到"兼听"。

首先，领导者必须做到让那些有反对意见的下属把话说出来，同时这也是提升自己领导力、树立自己光辉形象的不二法门。寻找机会和下属聊聊天，在和谐的气氛中听听他们不同的声音，这无论是对领导者个人还是对于整个组织，都可谓是一件有百利而无一害的好事。

其次，领导者在听取反对意见之后，一定要冷静对待，不要一看到这样的意见便盲目地进行反驳，要在讨论中知悉下属反对你的真正原因，找到了问题的根源，才能更好地去解决问题，提高自己。

最后，领导者要尽量反思，从自己身上找找问题的症结。这就是人们常说的"要想管好别人，一定要先管好自己"的道理。这样做可以使反对者产生"对事不对人"的思想，从而提出善意的意见。

当然，还有另外一种情况，以下例为证。

林肯在担任美国总统后不久,有一次将六个幕僚召集在一起开会。

会议期间,林肯提出了一个重要法案,而幕僚们的看法并不统一,讨论现场异常激烈。但林肯在仔细听取这六个人的意见后,仍感到自己是正确的。于是在最后决策的时候,虽然六个幕僚一致反对自己的意见,但林肯仍坚持己见。他说:"虽然只有我一个人赞成,但我仍要宣布,这个法案通过了。"

表面上看,林肯这种忽视多数人意见的做法似乎过于独断专行。其实,林肯已经仔细地了解了这六个人的看法并经过深思熟虑,认定自己的方案最为合理。而且,所谓讨论,无非就是从各种不同的意见中选择出一个最合理的。既然自己是对的,那还有什么犹豫的呢?

在企业中,类似于上述的情况也经常遇到,在一片反对声中,领导者犹如鹤立鸡群。这种时候,领导者不要害怕孤立。对于不了解的人,要怀着热忱,耐心地向他说明道理,使反对者变成赞成者。当然,重要的是你的提议和决策是对的,只要真理在握,就应坚决地贯彻下去。

6. 能容其功,更能容其过

毕业于哈佛的著名经济学家萨缪尔森,曾获诺贝尔经济学奖,他主张人们在交往中应当多一些体谅而非责难。因为,宽容会营造一种气场,能征服人心,计较则会呈现另一种相反的局面。

有句关于"宽容"的哈佛箴言,说的是:宽容是人类最高贵的品质,也是检验文明的标准。一个懂得宽容的人,不会因为自己受到些许伤害就去报复,

第九章 胸怀宽广，才能成就博大的事业

即便这样的机会已经摆在你眼前；而一个不懂得宽容的人，就算你犯下一点小错，也不会得到他人的谅解。

鲍勃·胡佛是一位著名的试飞员，常常应邀在航空展览中做飞行表演。一天，他在圣地亚哥航空展览中表演完毕后飞回洛杉矶，在空中300米的高度时，两个引擎却突然熄火。由于技术熟练，他操纵飞机成功着陆，人也没有受伤，但是飞机严重损坏。

在迫降之后，胡佛马上亲自去检查飞机的燃料。正如他所预料的，他所驾驶的这架第二次世界大战时的螺旋桨飞机，居然装的是喷气式飞机燃料而不是汽油。

回到机场以后，他要求见见为他保养飞机的机械师。那位年轻的机械师正为所犯的错误极为难过，看到胡佛走过来，他泪流满面，内疚得说不出话来。

当在场的所有人都为那个机械师捏一把汗，并想着胡佛必然会痛斥机械师的疏忽时，胡佛的表现令人极为吃惊，他并没有责骂那位机械师，甚至没有批评他。相反，他用手臂抱住那个机械师的肩膀，对他说："为了表示我相信你不会再犯错误，我要你明天再为我保养飞机。"

宽容是一种做人风范，当你表现出良好的素养，必定会赢得他人的响应。我们常说"宰相肚里能撑船"，宽容就是一个人的"性格空间"，这个空间越大、越能容人，他身边的人也就会越来越多，口碑也就越来越好。

如今，在企业当中，一个成熟的领导者，对待下属在工作中偶尔出现的错误会尽量表现得宽容，他们不会因为一个错误就对下属彻底否定甚至当众揭短，他们会尽可能为其创造一个新的机会，让他们通过一场翻身仗来证明自

己。领导者拥有这样的气度胸襟，势必会产生不怒自威的领导效果，而其下属久而久之就会"不用扬鞭自奋蹄"。

全球酒店大亨，希尔顿集团的创始人康拉德·希尔顿，在选拔和使用人才方面的做法非常令人称道。老希尔顿对每位下属都很信任，他放手让下属在职务范围中发挥聪明才智，大胆负责地工作。

当这些下属犯了错误后，老希尔顿的做法不是暴跳如雷劈头盖脸一顿痛骂，而是把他们单独叫到自己的办公室里，先安慰他们一番。他说的最多的一句话就是："当年我在工作中犯过更大的错误，你这点小错算不了什么，凡是干工作的人都难免会出错。"当下属情绪稳定之后，他再客观地帮助他们分析错误的原因，并一同研究解决的办法。

老希尔顿之所以能够对下属犯错误采取如此宽容的态度，是因为他知道，如果领导者面对下属犯下的错误横加指责，很可能会打击到犯错误员工的积极性，从根本上动摇企业的根基。由此我们也不难理解，正是希尔顿这样豁达的处事原则，才使得希尔顿集团的全部管理人员都愿意为他奔波效命，希尔顿集团也才有了如此辉煌的成就。

所有的人都会犯错误，因为这本身就是人成长的一部分，一个不断犯错然后再不断改正的人才是一个有进步的人。成熟的领导者都能够用一颗宽容的心去对待下属，这样的领导者将受到下属的尊敬和信任。

7.敢用比自己强的人

马克·扎克伯格曾说:"没有谢丽尔,就没有Facebook今日的辉煌。"

2007年,此时的Facebook一举跃升为美国最受欢迎的社交网络之一,同在硅谷的各大巨头也难以与之竞争。但此时扎克伯格也发现了一个致命的问题——盈利。如果这个问题不解决,Facebook注定是昙花一现。在一次圣诞聚会上,扎克伯格在门口遇到了谢丽尔·桑德伯格,在那个寒冷的傍晚与她攀谈良久。年轻的扎克伯格非常清楚,自己善于技术开发和策略研讨,而谢丽尔则是庞大组织的极佳运营者。于是在接下来的6周里,扎克伯格每周都会去谢丽尔家拜访她,据谢丽尔的丈夫说,他们聊的都是些"非常哲学"的话题。3个月后,谢丽尔辞去了自己在谷歌的职务,出任Facebook的首席运营官。

谢丽尔来到这个男人主打的团队里,用女性特有的温柔和严厉,快速融入其中。也是在谢丽尔就任后,她确立了广告是Facebook最主要的盈利模式。自此以后,Facebook结束了亏损状况,实现数亿美元的年盈利。

有一种领导者,他能忍受得了下属的短处,却容忍不了下属的长处,或许是嫉妒心作祟,也许是人的天性使然,敢不敢用比自己强的人这个问题,恐怕是对作为领导者在用人方面最大的考验了,同样这也是作为一个领导者最容易犯的思想误区。

在很多领导者心里,如果下属比自己强似乎是一件很丢人的事,甚至在很多民营企业里,我们更是看到这些企业家在招收员工的时候直言不讳"不招那些学历高的、经验足的"，这种做法像极了我们民间的一句谚语"武大郎开店——不招个高的"。

通过积极地选才用才，推动企业发展，是管理者应该做的事。不过，更为难能可贵的是，敢于使用那些本事比自己大、能力比自己强的人才。人尽其才，物尽其用。在此基础上能够找到、使用、会用、用好比自己更强的人，就可以起到事半功倍的效果。都说"胸怀有多大，天地就有多大"，作为领导者，只有学会识人、敢于用人、敢于用比自己更强的人，才会更有助于企业发展壮大。

美国奥格尔维·马瑟公司董事长奥格尔维在一次董事会上，向每一位董事发了一个玩具娃娃，董事们面面相觑，不解其意。奥格尔维说："大家打开看看吧，里面有很多娃娃，看看哪个是你。"

董事们依言把娃娃打开，结果发现，大娃娃里有个中娃娃，中娃娃里有个小娃娃，小娃娃里面还有更小的娃娃……最后，当他们打开最里面的玩具娃娃时，看到了一张由奥格尔维写了字的小纸条。

纸条上这样写道："如果你经常雇用比你弱小的人，将来我们就会变成矮人国，变成一家侏儒公司。相反，如果你每次都雇用比你高大的人，日后我们必定成为一家巨人公司。"

董事们看到这个纸条，都明白了奥格尔维的意思，纷纷向他表示，自己愿意做最小的娃娃。这件事给每位董事留下了很深的印象，在以后的岁月里，他们都尽力任用有专长的人才，奥格尔维公司从此进入了发展的快车道。

奥格尔维的这种做法一时间成了美谈，为他赢得了很大的声誉，而且很快就传遍整个北美和欧洲诸国，被数万企业家效仿。奥格尔维使用的那种玩具娃娃，从此被称为"奥格尔维巨人娃"，奥格尔维的

第九章　胸怀宽广，才能成就博大的事业

这种做法被称为"奥格尔维法则"。

使用一流的人才才能造就一流的公司。若想使公司充满生机活力，必须选贤任能，雇请一流人才，而不能武大郎开店，害怕对方超过自己。只有用对人、用好比自己更强的人，才会逐渐形成一个良性循环。奥格尔维定律，在一定层面上也反映出企业文化的重要性。

任何一个团队，主管的能力可以弱于部下，但其心胸和气量一定要高，主管必须勇于并善于录用、重用和驾驭能力比自己强的人才，从而实现团队效益的最大化。当团队业绩提升以后，团队价值就会放大，团队主管就被提拔，新的主管将在那些能力强的原部下中产生。

美国钢铁大王安德鲁·卡内基被认为是一个狂人，他每次口出狂言，一开始总被人讥笑，后来更多的是观望，再后来总让人害怕，到最后就是让所有他的对手感到恐惧。所以，他狂妄但不失理性，不羁但遵守法则。他的法则是什么呢？答案被铭刻在了他的墓碑上，上面这样写道："这里长眠着一位先知，他勇于用比自己强的人才！"卡内基之所以成为钢铁大王，并非由于他本人有什么了不起的能力，而是因为他敢用比自己强的人，并能发挥他们的长处。

卡内基钢铁公司下属的布拉德钢铁厂有一位工程师叫齐瓦勃。一次，在布拉德钢铁厂产品开发与研制会议上，与会高管在产品是继续升级还是适应市场的问题上，一直僵持不下。

有的人认为应该顺应市场需求，以便扩大市场份额，战胜竞争对手。但是顺应市场就等于说放弃利用新技术，因为一旦利用新技术，将大幅度增加成本，市场难以接受。但也有一部分高管提出了反对意见，他们认为应当进行产品升级，以便始终保持技术领先，争取高端

客户。但产品升级意味着产品价格上升,市场份额减少。双方意见各有利弊,一时间僵持不下。

这时候,作为列席人员参加会议的齐瓦勃站了出来,他拿起一个标尺,顺手把这个标尺折成两段,其中一段大概有1/3长。然后他对众人说道:"我们为什么不把车间一分为二呢?"有人反对道:"我们的公司本来就小,再一分为二的话,就什么都干不成了。"齐瓦勃举起短的那段标尺说:"另选地方建一个小一点的车间怎么样?"

齐瓦勃的镇定和思维让卡内基眼前一亮,他采纳了齐瓦勃的建议,不久之后,齐瓦勃被任命为新钢铁厂的厂长。在齐瓦勃的管理下,这个工厂迅速成为全美钢铁行业的佼佼者。三年后,表现出众的齐瓦勃又被卡内基任命为钢铁公司董事长,成了卡内基钢铁公司的灵魂人物。

也正是因为有了齐瓦勃,卡内基才敢面对行业对手公然挑衅地说:"什么时候我想占领市场,市场就是我的。"

其实,很多时候,不敢用比自己强的能人不仅是一个度量问题,也是一个信心与能力的问题。90%的领导者都会怕自己的下属取代自己的位置,但其实这并不是一个正确的理念,这个世界很大,并不是只有你们一个公司,压制自己企业的人才,只会让整个企业走向末路。管理者要走出狭隘,把有利于企业发展作为选才、用才的首要标准,而不以一孔之见观人、以个人好恶选人。

使用比自己强的人,管理者要有广阔的胸襟,要敬重他们的才华、能力。对那些潜力巨大、有可能超过自己的人,要想方设法为其创造机会、提供支持,不应把他们视为潜在威胁,加以提防和阻挡。

人才可定成败、致兴衰。在竞争如此激烈的今天,管理者大胆使用比自己更强的人才,有利于企业的兴旺发达、持续发展,而心胸狭窄、嫉贤妒能,只会错过人才，使企业的发展受到影响。

8. 适时退一步，展现大境界

哈佛教授罗杰·费希尔说："温和的方式总是尽力避免摩擦和冲突，为了达成共识，往往很快作出让步。强硬的方式则以战胜对方为目标，坚守立场，常常导致两败俱伤。"让步与不让步之间有很多区别。有时候该让就让，这样不但不会使我们有所损失，反而会扩大我们的胸襟。

退一步海阔天空，这句话大家都不陌生，可是我们真的懂得它的含义吗？或许你会很不屑地说："不就是忍让吗？不就是让步吗？谁不知道啊！"是的，这句话谁都知道，但是真正能够做到的人却不多。

有两位高才生因为一道题目的计算结果出现偏差而争吵不休，两个人都认为自己的结果是正确的，对方是错误的，谁都不肯后退一步。最后，他们只好去求助导师，让他来裁定结果。

到了导师那里之后，他们依旧争论不止。导师看了看他们，然后又看了看题目，示意他们停下来，说道："你们的答案都是错误的。好了，现在放弃你们的答案，重新再做一遍。"两位高才生听了这话非常惊讶，但还是照着导师的吩咐做了。

不一会儿，结果出来，这一次两个人的答案是一样的，但却是其中一位曾经计算出来的答案。他们觉得很奇怪，这个答案不是已经被导师否定了吗？于是他们就去问导师。

导师说："其实这道题目并不难，你看，你们花了这么点时间就做出来了。之所以纠结了那么久，只是因为你们都不肯让步，这才蒙蔽了你们的智慧。"

成功学大师戴尔·卡耐基有一句名言："用争夺的方法，你永远得不到满足；但用让步的方法，你可得到比你所期望的更多。"很多东西不一定需要争吵才能出结果，如果你选择让步，退一步也许可以看到的更加宽广明亮的天空。

歌德曾有一次到公园散步，迎面走来了曾经对他的作品提过尖锐批评的评论家，这位评论家在歌德面前蛮横地喊道："我从来不给傻子让路！""而我正好相反！"歌德一边说，一边摘下帽子，绅士般的弯了弯腰，满面笑容地让到一旁。在大多数人眼里，这只是一个笑话，殊不知，这就是生活的哲理，生而为人，没有谁能脱离人群，相处之中，摩擦在所难免。这个时候，你是否会火冒三丈，得理不让人，大吵大闹，甚至大打出手？如果这样，这个世上从此对你来说就多了一个敌人。聪明人是最懂得让步的，这样也就有可能让自己多一个朋友。

对许多人来说，背叛坚守自身原则而作出让步不是件容易的事。然而，俗话说"给人方便，自己也方便"。有的时候，只有先退一步，才能够更好地前进。

美国众议院院长萨姆·雷伯恩信奉一句座右铭：要发展，就得随和。这句话的核心意义就是要懂得让步。如今，我们可以看到太多这样的人，他们视让步为一种耻辱，认为只有软弱的人才让步。事实上，愿意作出让步象征的是一种伟大信念，一种以大局为重的信念。

让步既是一种境界，同时也是一种智慧。学会让步还是做人的一种美德，能够做到"有理也要让三分"就更难能可贵了。日常生活中，在维护自己的权利的同时，要学会宽容和适当的妥协，才能更好地适应社会生活。

第九章　胸怀宽广，才能成就博大的事业

　　有时候，与朋友或同事发生的一些矛盾或分歧，在起初时也许只是小小的意见不合，可最后却发展成伤感情的裂痕。退一步，就能海阔天空。

　　矛盾就像是西方神话中海格力斯的仇恨袋，你不犯它，它便小如当初，你侵犯它，它就会膨胀起来，挡住你的路，与你敌对到底。许多人都经常犯和海格力斯一样的错误，遇到矛盾时不愿意吃亏，步步紧逼，据理力争，死要面子，认为忍让就是没了面子失了尊严，最终导致矛盾不断地升级，不断地激化。

　　其实让步并不是不要尊严，而是成熟、冷静、理智和心胸豁达的表现，一时退让可以换来别人的感激和尊重，避免矛盾的加深，岂不更好。社会就像一张网，错综复杂，我们难免与别人有误会或摩擦，学会尊重你不喜欢的人，在自己的心中装满宽容，那样才会少一份怨恨，多一份快乐，才会赢得更多的尊重。

第十章

未雨绸缪，积极乐观也要有忧患意识

1. 领导者要与负面思维绝缘

毕业于哈佛的美国前总统富兰克林·德拉诺·罗斯福，是美国历史上唯一蝉联四届的总统，他曾带领美国赢得了第二次世界大战的胜利。罗斯福是个积极乐观的人，他凡事都会往好处想。有一次家中失窃，一个朋友写信安慰他，他的回信却别具一格："谢谢您来信安慰我，我现在很平静。感谢上帝，因为：第一，贼偷去的是我的东西，而没有伤害我的生命；第二，贼偷去我部分东西，而不是全部；第三，最值得庆幸的是，做贼的是他，而不是我。"

由于罗斯福擅长发现事物积极的一面，而且不管遇到什么不好的事情，他总会找到一些令自己心情平静的理由，不得不说，他能取得举世瞩目的成就，其中不容忽视的因素就是这种乐观的态度。

有个名人说过："一个人的成就，绝不会超出他自信所能达到的高度。"的确，只有自信，才能够让我们感觉到自己的能力，而消极思维模式影响人们的思想观念，打击着我们的自信心，进而影响人们的行为方式，已经成为个人发展道路上的拦路虎。

美国心理学专家塞利格曼教授指出，有三种消极思维模式会造成人们的无力感和挫折感，最终会毁其一生。它们分别是：永远长存；无所不在；自我否定。永远长存是"一朝被蛇咬，十年怕井绳"，是一种时间上的束缚自我，把暂时的不幸与悲哀无限地延长；无所不在是一种空间上的束缚自我，在一个方面遭到挫折和失败，从而认定自己在另外几个方面的成功概率，使自己终日笼罩在失败的阴影里而看不到成功的希望；而自我否定则是一种自我摧残的方式，一味地打击自己，使自己无法振作。

这三大消极思维模式犹如三座大山，压得很多人都喘不过气来，使人们碌碌无为且惶惶不可终日。作为领导者的你，有过这样的情形吗？如果有，请尽快从消极心态的阴影里解脱出来。记住德国人的一句俗语："即使世界明天毁灭，我也要在今天种下我的葡萄树。"

因此，不妨去改变一下这种消极的思维模式，"穷则变，变则通"，转变观念，要对消极的思维模式说"不"。一个高明的领导者，不仅去抑制自己消极的想法，释放自己消极的态度，还从根本上彻底摒弃这种消极的思维模式。

告别消极的思维模式之后，我们才会跳出麦田怪圈，以理智眼光分析问题、判断问题、解决问题，在实践中尽量少走弯路，多走捷径，努力走出一条自我提升之路。

> 鲍伯利特是美国一家私营公司的老板，事业如日中天的他突然被告知患了肾脏病，看了很多医生，都没有办法治好。不久，他的血压也高了起来。
>
> 他去看医生，医生告诉他要做好最坏的打算。
>
> 鲍伯利特沮丧地回到家，死亡的恐惧让他茫然无措。尤其在看到

目前业务停滞不前的公司和军心动摇的下属，他就气不打一处来，动不动就暴跳如雷。

这样烦躁的情绪维持了一周，他忽然觉得，与其这样等死，不如趁活着找一点快乐。

他连死都不怕了，还有什么可怕的呢？他开始表现出轻松的样子，接着他发现不那么糟糕了，慢慢地感觉不到自己是个严重到要死的病人了。于是，他开始动手收拾自己那如今乱成一锅粥的公司。

一年过去了，他活得好好的，而且快乐、健康，血压也降下来了，连医生都说，这真是个奇迹。他自豪地说："如果我一只想到死，会垮掉的话，那位医生的预言就会实现。可是，我给自己的身体一个自行恢复的机会，别的什么都没有，除非我乐观起来。"

如今，他的公司已经开了两家分店，事业红火。

"事情变得糟糕时，想想好的方面。"世界上最大的乐观主义者组织"阿灵敦乐观俱乐部"的主席迈克尔·切弗说："没有什么事情真的就那么糟糕。"这群乐观主义者怀有一个信条：任何事情都要看到阳光的一面。切弗不仅把它写在办公桌上，还写成字条揣在钱包里。

企业倒闭，员工失业，股市被套，经济不景气……每一个问题都足以让领导者无比郁闷。但如果你换一种心态来看，或许事情就没这么糟。对于那些因为遭遇一点困境就唉声叹气甚至一蹶不振的企业领导者来说，在自以为山穷水尽之时，不妨用积极乐观的思维思考面临的问题，或许就能柳暗花明看到希望的曙光。

2. 发现危机背后的机遇

比尔·盖茨声称:"微软离破产永远只有18个月。"

比尔·盖茨深知,IT是个飞速发展的行业,没有创新,不能领先于社会,最后结果只能是被淘汰。这是一种居安思危的意识。作为行业领先者,微软既要有危机感,也要勇立潮头,发现危机背后的机遇并抓住它,跟上发展,永远走在IT的前沿。

美国前总统尼克松曾形象地描述"危机"这个词,他说:"汉字用两个字符来书写Crisis(危机)这个单词。'危'字代表着危险的意思;'机'字则代表着机会的意思。身处危机中,意识到危险的同时,不要忽略机会的存在。"

在金融、信誉、质量以及经济等诸多类型的危机中,总会有许多公司因无法度过危机而选择关门大吉;但在同时,仍有一些企业在危机的洪流中脱颖而出,获得了前所未有的成功。之所以在同样的背景下产生两种截然不同的结果,就是因为前者只看到了危机中的危险,而后者却抓住了危机中的机会。

20世纪80年代初期,正在面临着前所未有的重大危机的英国石油公司,迎来了它的新掌舵人——沃尔特斯。

沃尔特斯上任伊始,就开始大刀阔斧地进行改革。他首先大胆提出了"公司需要大家的智慧,越是困难,大家的智慧越重要"的观点,把限制员工能力与权力的"金字塔"管理模式改成"太阳系"管理方式,即把总裁定位为"太阳",各分公司好比"行星",既有自己的运行轨道,又必须围绕太阳转。

这样一来，整个公司员工的智慧全面发动起来了，灵活多样的投资决定开始不断涌出，同时也使公司作出了最客观的市场预测和计划。

终于，英国石油公司在沃尔特斯的领导下，内部机制得以极大的完善，这为公司注入了新的能量与活力，业绩明显好转并且蒸蒸日上。目前，英国石油公司在世界各地拥有雇员10多万人，是世界上第六大公司。

股市里有句话：危险是涨出来的，机会是跌出来的。作为企业的管理者，面对危机时应在最短的时间内，立即作出反应和决断，以求扭转局势。危机是危险也是机遇，积极地面对危机，不但能挣脱危机的困扰，还能在其中发现机遇所在，使企业迈上一个更高的台阶。

面对危机，不同的人有不同的心态。有的人把危机看作是打击，在危机面前灰心丧气，怨天尤人，也有的人把危机看作是机遇，竭力利用危机产生的动荡，像水一样，随物赋形，在危机中更上一层楼。股神巴菲特有句名言：别人冷静时我疯狂，别人疯狂时我冷静。综观全球，每次经济危机之后，都会造就新的高速增长和新的技术领域。

1891年，胸怀独立创业梦想的威廉刚刚29岁，他带着妻儿到芝加哥注册了一家公司，主要业务是代销肥皂。但是，没多久，威廉就发现，发酵粉比肥皂更畅销，而且利润奇高。于是威廉当机立断，把所有资金都用来购进发酵粉。

正当威廉踌躇满志打算大赚一笔的时候，危机出现了。当地做发酵粉生意的店家都看到了这块利润，他们很快在内部形成了固定的商业圈。作为外来者，威廉根本不是他们的对手。而且，最严峻

第十章 未雨绸缪，积极乐观也要有忧患意识

的一个问题是，发酵粉不容易保存，如果不尽快处理，威廉将血本无归。

经过一番深思熟虑，威廉决定用口香糖作为赠品。每位买发酵粉的顾客，都可获赠两包口香糖。这个促销手段深得当地居民的喜爱。很快，他手中的发酵粉被抢购一空。

机遇之门打开了。威廉在其中看到了商机：口香糖比发酵粉更受欢迎！于是，他又开始销售口香糖，并反过来把肥皂和发酵粉作为赠品。

口香糖生意越来越好，于是在1892年，威廉决定创造属于自己的口香糖品牌，箭牌口香糖就此诞生。一次销售危机产生的新机遇，就这样开创了一个世界性的品牌。

机遇往往会在你面临危机的时候被发现，只要你有足够的眼力。世事的变化正如海浪，虽然风吹浪打，但若能了解水流，顺水行舟，就能够转危为机。一个拥有水之智慧的领导者，就是一个能够在动态的不平衡中取得平衡的人，他能将逆境中的劣势巧妙地转变为优势。

全球投资之父，历史上最成功的基金经理约翰·邓普顿总结了一个让他受益终生的伟大投资原则——"极度悲观原则"，即"在无人出价时进场"。在他看来，当熊市来临时，投资者认为自己站在了一条狭窄的小径上，孤身面对张牙舞爪、凶猛无比的灰熊。而他却觉得，熊挥舞手臂扑过来，是为了和他击掌庆贺。另一位被誉为"股神"的世界级投资大师——沃伦·巴菲特，也和邓普顿持同样观点。1973年，没有一个人认为曼图阿农场的股票能够复苏，甚至有人认为，曼图阿不出三个月就会宣告破产。然而，巴菲特认为人们越是在对某一股票失去信心时，这只股票就越有可能是一座金矿。他不顾别人的质疑和嘲笑，以5美分一股买入。结果，五年内他赚了4700万美元！

风险与机遇是成正比的,风险越大,机会也就越大。资产价格便宜,这就是金融风暴给企业最好的机会。抓住它,做好布局,就一定会有所收获。

3. 在困境中学会自我激励

美国哈佛的威廉·詹姆斯教授经过长期调查研究发现,一个没有受过激励的人,仅能发挥其潜力的20%~30%;而当他受到激励时,其潜力可发挥至80%~90%。即一个人在通过充分的激励后,所发挥的作用相当于激励前的3~4倍。

激励的力量是无穷的,它给予身处困境中的人无限精神动力,使其充满信心地去面对一切困难,从而改变处境,走向成功。

1949年的一天,一个自信满满的年轻人走进了美国通用汽车公司,应聘做会计工作。

面试的时候,这位年轻人的自信给面试官留下了深刻的印象。当时,通用公司只有一个会计的名额,面试官告诉这个年轻人,竞争这个职位的人非常多,而且,对于一个新手来说,可能很难立即胜任这个职位的工作。但是,这个年轻人根本没有认为这是一个困难,相反,他认为自己完全可以胜任这个工作,更重要的是,他认为自己是一个善于自我激励的人。

正是由于年轻人具有非同一般的自信和自我激励能力,他被录用了!当时,这个年轻人24岁。

面试官回去后对秘书说:"我刚刚雇用了一个想成为通用汽车公司董事长的人!"而这个年轻人进入公司后的第一个朋友阿特·韦斯

第十章 未雨绸缪,积极乐观也要有忧患意识

特这样评价他:"在与他合作的一个月当中,他不止一次地告诉我,他将来要成为通用的总裁。"

这位年轻人就是罗杰·史密斯。1981年,他开始担任通用汽车公司的董事长。

德国人力资源开发专家斯普林格,在其所著的《激励的神话》一书中写道:"强烈的自我激励是成功的先决条件。"正是这种高度的自我激励精神,使罗杰朝着自己的目标不断前进,而且,他确实实现了自己的目标。

诺贝尔生理学或医学奖获得者罗伯特·巴雷尼,从小因病落下了腿部残疾,按医生诊断他只能终生卧床。面对这样的现实,家人痛不欲生,而巴雷尼本人却并未因此怨天尤人,相反,他用乐观的态度接纳了一切。

只要身边有大人,巴雷尼就请人家帮忙搀扶自己练习走路,做体操。慢慢地,体育锻炼弥补了由于残疾给巴雷尼带来的不便,他至少可以走路了。后来,他以优异的成绩考进了维也纳大学医学院。大学毕业后,巴雷尼以全部精力致力于耳科神经学的研究,最后取得了很多正常人都难以企及的成就。

困境不可怕,怕的是我们不能从容面对,在困境中丧失了信心,不能自我激励。尤其是对于领导者来说,工作的根本动力来源于自我激励,并且他的这种激励能量对下属的影响力相当重要。如果领导者自己工作起来无精打采,他的整个部门就不会有高涨的士气。如果领导者经常对工作充满着牢骚和抱怨,那么到了员工那里,就会加倍放大这种消极情绪。

被誉为"世界上最伟大的推销员"的美国汽车销售员乔·吉拉德，曾创下一年内销售了1425辆雪佛兰汽车的纪录，至今无人打破。他之所以会取得这么好的销售业绩，很大一部分原因来源于他具有在困境中激励自己的能力。

35岁那年，他经营的生意不幸破产了，当时他觉得生活发生了翻天覆地的变化，晚上连家也不敢回。乔·吉拉德的父亲从他小时候就看不起他，他就把他父亲的画像挂在办公室里，一方面是因为他对父亲深深的爱；另一方面，他对父亲给自己的评语有着深深的愤怒，于是，他决心要做出成就让父亲看。在这样的自我激励之下，经过一番努力，他终于成功了。

激励，是领导工作的基本方法之一。许多领导者深谙激励在领导活动中特别是人才开发上的重要意义，自觉并娴熟地运用激励艺术，把下属的积极性、主动性、创造性调动起来，使他们意气风发、斗志昂扬，以此创造辉煌的领导绩效。然而，一些领导者在实施激励这一方法和艺术的时候，却忽略了激励自己，实在可惜。

所罗门王是以色列历史上有名的君主。据说他戴的一枚戒指有着超凡的魔力，每每遇到不顺心的事，他就将戒指摘下来把玩，用不了多长时间便能收拾起悲伤的心情，变得高兴而振奋了。

许多人都为此深感不解，直到一次被大臣问及，所罗门王哈哈大笑，将戒指褪下来让大家看。这枚戒指很普通，但上面刻着一句话——"这一切都将过去"。

一切困境都将过去，但在困境之中的每个领导者都要具备一种自我激励的能力，因为没有人会去跟随一个不自信的领导者。即使是最棒的领导者也不会天生就是最棒的，而且，每个人身上都具备领导者的特质，只要你下定决心去学习，去挖掘你身上独特的领导魅力，你就会把自己的这种独特的气质开发出来。

4. 要乐观，但不盲目

约翰·肯尼迪总统是美国历史上最年轻的总统，在他的领导和推动之下，美国在空间技术方面取得了巨大的成就。然而就是这样一个伟大的领导人物，却经受过生活给予的诸多苦难。

少年时的肯尼迪体弱多病，四岁时患上猩红热，险些病死，后来又染上百日咳、麻疹、哮喘等疾病，以至于他的童年生活几乎是在病床上度过的。但肯尼迪告诉自己，不要沉浸在疾病的痛苦中，而是要趁着这个特殊时期增长自己的知识和见闻。于是，在书籍的陶冶下，他渐渐养成了乐观、幽默的性格。

1936年，肯尼迪进入哈佛深造，哈佛校园的自由、乐观、进取的精神让他受益匪浅。

哈佛毕业以后，肯尼迪还远赴南太平洋参加了第二次世界大战。战争期间，他所指挥的鱼雷艇被撞毁，但在他的指挥下，幸存的士兵们在海里游了十多个小时，最终安然返回部队。

肯尼迪的这些经历无一不说明了一个问题，那就是只有乐观、坚强、自信的人，才能创造出人生的辉煌。

美国成功学大师拿破仑·希尔说："幸运之神要赠给你成功的冠冕之前，往往会用逆境严峻地考验你，看看你的耐力与勇气是否足够。"

成功人士身上都有着一个共同特点，那就是乐观。他们不惧怕自己即将面临或者正在面临什么样的困难和挫折，都会以一颗坚定、乐观、自信的心勇敢地走下去。这种人生态度注定了他们会成功，也成就了他们对后人的影响力。

在哈佛，如果你对别人说你不欣赏自己，你不自信，那么你很可能就要遭到很多人的批评，因为，只有对自己充满信心且时时保持乐观态度的人，才能赢得人们的尊敬。

一位伟人说过："要么你去驾驭生命，要么是生命驾驭你，你的心态决定了谁是坐骑，谁是骑师。"命运在很大程度上并不能决定一个人最终的成就，真正决定一个人成就大小的是这个人的精神状态。

世上那么多成功的政治家、企业家、科学家以及其他方面的成功人士，他们也和我们一样，都曾经面对过人生的逆境。但是他们没有被逆境时的悲惨生活所吓倒，他们始终微笑面对，最终凭借着不断的努力取得了最后的成功。

当然，对于身居高位的领导者来说，面对困境时，乐观是必要的，但却不能盲目乐观。有许多领导者虽然具有宠辱不惊、每逢大事有静气的乐观精神，却也因过分乐观而小瞧了危难的力量，最终因掉以轻心而作出错误的决策，致使企业蒙受不必要的损失。

由此，领导者面临困境时的最佳精神状态，是尽人事而听天命，既有着乐观的态度，又有着淡定的心理，如此才能将企业的发展脚步经营得顺利而稳妥，也才能在成功之路上越走越远。

松下幸之助一生将"尽人事，听天命"奉为座右铭。这绝不是"上天决定一切"的迷信说法，也不是消极妥协的人生态度，而是一种乐观的处世态度。

松下曾跟人讲过自己的打拼心得："我9岁就开始外出打工，在此后漫长的岁月中，我在经受着很多常人难以想象的困难的同时，也在学习着许多人得不到的经验。随着我在不知不觉中的逐步成长和完善，我养成了对待一切都很坦然的个性。就比如说，我遇到比较棘手的问题，一方面尽自己最大的努力，争取采用最好的方式去解决；另一方面，我对此也不会有过多的奢望，反而认为是命该如此。这就是'尽人事，听天命'了吧。有了这两种准备，不管最后的结果如何，我都能看得很开了。"

身为企业领导者，遇到艰难困苦，如果没有主动承担全部责任的勇气，而表现出胆怯、回避的态度，必然无法赢得尊重，难以达到良好的领导效果。比尔·盖茨曾说："许多不公平的经历，我们是无法逃避的，也是无所选择的。我们只能接受已经存在的事实并进行自我调整，抗拒不但可能毁了自己的生活，而且也许会使自己精神崩溃。"正是在这种淡泊却又达观的精神指引下，才使得盖茨没有在创业之初的挫折中倒下，仍然能够拥有旺盛的斗志，才使得他一步步走到了今天。

对于一个领导者来说，经营事业，如履薄冰。尽人事，听天命，是每个领导者需要具备的意识。尽自身最大努力，至于成败得失，则顺其自然吧。这样一想，反而豁然，有放开手脚、挽袖一搏的胆量，而最终不管成败如何，都能积极而坦然地面对。

5. 未雨绸缪是领导者的职责

1975年，比尔·盖茨和保罗·艾伦创办了微软，以研发、制造和提供广泛的电脑软件服务业务为主。微软研制并推出的Windows系统和Office系列软件，一直占据相关行业领域的大部分份额。但比尔·盖茨认为，微软不能一条路走到黑，市场竞争日益激烈，微软必须未雨绸缪，开拓更多的市场。在比尔·盖茨的坚定支持下，微软相

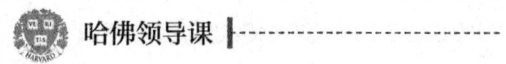

继推出手机、平板、游戏机等产品,并在人工智能领域大展拳脚。

命运的改变往往就在思维燃起火花的一刹那。任何一个新事物、新现象的出现,其中往往包含着不止一个新机会,这样的绝好机会往往属于那些善于观察和思考的有心人。

机会总是留给有准备的人是一个必然规律,这就像一个推理公式一样:机会是偶然的,而准备是必然的,当一个偶然的机会遇到一个早有准备的人,自然也就为他所捕获。

一只野狼卧在草地上勤奋地磨牙。狐狸对他的这一举动不以为然,并劝他说:"猎人和猎狗已经回家了,老虎也不在近处徘徊,又没有任何危险,你何必那么用劲磨牙呢?还是好好睡个觉休息休息吧!"

野狼说:"我磨牙并不是为了娱乐。你想想,如果有一天我被猎人或老虎追逐,到那时,我想磨牙也来不及了。而平时我就把牙磨好,到那时就可以保护自己了。"

在被猎人和猎狗追逐之前,先把牙齿磨得又尖又利。这样在危险突然降临之时,才不至于手忙脚乱。

正所谓"书到用时方恨少",平常若不充实学问,临时抱佛脚肯定是来不及的。总有人抱怨说没有机会,然而当机会真正来临的时候,又有几个人能把握住呢?大多数人都因为没做好准备,而与机会失之交臂,追悔莫及。

这个道理用在企业上也是一样的。企业领导者只有有着未雨绸缪的思想与行动,事先建立起"能屈能伸"的企业,在重大危机和灾难发生之前才能从容应付。正如我们所看到的,在任何灾难或危机爆发的过程当中和发生之后,企业的"恢复力"各不相同:有的企业因灾难消失,有的企业却能借灾难的机会繁荣起来。

任何一家有远见的企业或机构在脆弱时期（灾难、危机等）来临之前，都会建立一套完整的应急计划，充分预估到可能的资源、可能的瓶颈，建立和测试一套富有战略的时间表来指导各项灾后或危机之后的事务处理工作。

诺基亚之所以能够多年保持手机行业龙头老大的宝座，是因为它永远保持着快速的技术创新能力。诺基亚认为，要在激烈的市场竞争中生存下去，唯一途径就是未雨绸缪，永远比别人快一步。诺基亚不断加速新品的开发速度，宣布每年都将拿出总营业额的9%用于研发新产品。其新机型开发周期平均缩短到不足35天，而业界平均需要半年甚至更长。与之相反，在各大手机厂商纷纷加快新机推出的速度的时候，东芝手机推出新品的速度明显太过缓慢，而这种缓慢使东芝手机错失许多市场机会，最后只得被淘汰出局。

可见，一个企业若要长期生存发展下去，必须在管理中未雨绸缪。无论是企业领导者还是员工个人，都要有危机意识。这才是预防危机的关键。

> 可口可乐作为世界软饮料行业最卓越的公司，拥有的成就不言而喻。当罗伯特·戈伊苏埃塔接任可口可乐的CEO时，他曾经向高层主管们提出了这么几个问题：
> "世界上所有的人口每人每天消耗的液体饮料平均是多少？"
> "64盎司。"
> "那么，每人每天消费的可口可乐又是多少呢？"
> "不足2盎司。"
> "那么，在人们的肚子里，我们的市场份额是多少？"

在市场经济条件下，企业间的竞争越来越激烈，"优胜劣汰，适者生存"已经是商场中唯一的法则。

人们常说，弱者等待时机，强者创造时机。尤其是在这样一个信息时代，对于创业者来说，时机就是商机，商机就意味着成功。

第一次世界大战时，杜邦公司依靠战争，发了军火大财。但在得意之余，杜邦公司也清醒地认识到：军火生意是无法长久的。于是，杜邦公司决定改变经营策略。

杜邦公司的负责人皮埃尔经过谨慎的思考，决定采取多样化的经营方式，一方面继续做军火生意，另一方面杜邦公司必须为自己开辟一项有着根基的领域——化学工业。他说："我们不能在求变创新的同时把企业引向死胡同，我们的创新变革必须有相当的依据。"

化学工业的优点在于，一是竞争对手少，二是与军事生产本身有一定的关系，不必作出重大的改变，而且，一旦战争再次打响，返回军事生产也非常容易。

第二次世界大战来临时，杜邦公司又转型成以军事为主的生产，将其庞大的化学帝国变成了世界上最大的军火工业基地，再次进入飞速发展时期。

有一条十分重要的箴言：与柏拉图为友，与亚里士多德为友，更重要的是，与真理为友。这条校训旨在告诫哈佛学子乃至世界上每一个想在成功路上走得更稳更远的人：对于出现的每一个实实在在的问题，都要认真处理，不能视而不见或者掉以轻心。

任何一家想在竞争中取胜的公司，都必须让公司在每个细节上做到精益求精、做到最好，对于哪怕一个很小的问题都予以重视。因为，没有这样精细的流程，公司就难以生产出高质量的产品，也无法给顾客提供高质量的服务。

第十章　未雨绸缪，积极乐观也要有忧患意识

1914年，老托马斯·沃森在创办IBM公司时，曾设立了一个准则——"不断追求完美的工作表现"。它不仅约束公司所有员工，包括领导层的人，都要受其约束。这就是当时风行一时的"沃森哲学"。

无论是产品质量，还是服务品质，IBM公司都希望所有的员工对任何事情都以追求最理想状态的观念去对待，并且要永远追求完美无缺。老托马斯·沃森经常这样告诫自己的员工："在工作中用追求完美来约束自己，就算没有做到，也会比按照一般标准做要好得多。"

后来，小托马斯·沃森对于IBM公司的这一行为准则表示看法时说："这个信念就如魔术一般有着神奇的力量，能够引起人们对尽善尽美的狂热追求。当然，一个时时处处都要求全责备的完美主义者，几乎不可能成为一个让人感到舒服的人。但是，追求完美的工作表现，一直是我们不断发展进步的一种驱动力。"

在这个精细化管理的时代，尽善尽美是很多企业追求的目标。从这个意义上来讲，将细节做得越到位、越完美，企业就越容易脱颖而出。

但是，仍有很多企业不能把事情做得尽善尽美，只用"还行""差不多"等标准来衡量，结果，由于计划中的各项细节没有安排妥当，不是做到中途便停止下来，就是工作秩序陷入混乱。没多久，整个计划便像一栋不牢固的房屋一样轰然倒塌。这种敷衍了事的态度及粗陋的工作作风，终使工作一事无成。

作为企业领导者，要深刻明白，当"重视每一个小问题"成为一种习惯，责任感也就成了一种生活态度，我们才会与"优秀"和"成功"同行，才能创造自己人生的不平凡业绩。

一天，美国通用汽车公司接到一封产品使用反馈信。这个客户在信中说，最近他买了一部通用新的庞蒂亚克。由于他习惯每天在饭后

吃冰激凌，久而久之，他发现了一个奇怪的现象——每次只要买的冰激凌是香草口味，从冰激凌店里出来就会发动不起来车子，但如果买的是其他口味冰激凌，发动车子就很顺利。这可真是一件奇怪的事情，难道汽车也挑冰激凌的口味？而庞蒂亚克不喜欢香草口味的冰激凌吗？

面对这个问题，通用汽车公司派出了最资深的工程师去调查原因。几周后，工程师发现了问题所在：在这个客户经常光顾的那家冰激凌店里，香草口味的冰激凌最畅销。为便利顾客选购，店家就将香草口味冰淇凌的冰柜放在店的最前端，而其他口味的冰激凌则放置在离收银台较远的地方。这样，人们买香草口味冰激凌所用的时间就比其他口味的要少。

但这和汽车有什么联系呢？原来，是汽车的"蒸汽锁"设计有缺陷，需要花费的散热时间较长。当这位车主买其他口味冰激凌时，由于所用的时间较长，引擎有足够的时间散热，重新发动汽车时就没有太大问题。而由于买香草口味冰激凌花的时间短，"蒸汽锁"没有足够的时间散热，所以引擎启动时就会出现问题。

从买冰激凌这件小事情里，就能发现汽车的设计缺陷，真是个有趣的事情。但也正是因为通用汽车公司对这样看似微不足道的小事情的重视，才得以发现汽车制造技术上存在的不足，从而才能更好地改进，一方面维护了自身形象，另一方面也提高了汽车的竞争力。

其实，很多时候，我们所缺少的并不是技术、设备、流程和理念，而是一种尽力把工作做到位的执着精神。凡事最怕"认真"二字，当一个人无论做什么事情都能多一分认真时，便也可以避免许多不必要的谬误出现。

古罗马的恺撒大帝有句名言："在战争中，大事件都是小事情造成的后果。"所谓"差之毫厘，谬以千里"，每个企业领导者都应该在根本上抓严谨，只要公司每个人都能把自己的工作完全做到位，那么，企业的快速发展就会指日可待。

6.危机当头，要以壮士断腕的勇气作出决策

约翰·肯尼迪虽然没有做过州长，但在他担任美国最高行政长官期间，却有着非凡的政绩，被列为美国最伟大的总统之一。

这位被美国著名学者斯蒂夫称为"让美国人开始梦想"的总统，在美国参众两院都担任过议员。他最为人称道的功绩就是冷静处理古巴导弹危机，避免了一场世界核战争的爆发。

1962年10月，肯尼迪得到苏联在古巴安装导弹的情报后，立即部署对该半岛的海域进行全面封锁，想借此阻止苏联进一步安装核弹头。当时军方参谋部一致认为应该不惜代价地用空中火力打击摧毁古巴导弹。但肯尼迪顶住了压力，命令海军绝对不能轻易开火。经过几天剑拔弩张的暗中对峙，苏联军舰回航，一场大战得以避免。

著名成功励志类畅销书《最伟大的力量》作者马丁·科尔说："世间最可怜的，就是那些做事举棋不定、犹豫不决、不知所措的人。由于他们自己没有主意、意志不坚，以致很难得到别人的信任，也就无法使自己的事业获得成功。"

领导者在企业发展过程中碰到问题，有的能够以壮士断腕的勇气当机立断作出决策，而有的却一直摇摆不定。无数事实表明，前者能够及时解决问题，为下一步工作做好充分的准备；而后者既耽误了时间，又失去了做事的最佳时机。

20世纪80年代，在存储器市场一直独占鳌头的英特尔，被日本的极低价格的存储器挤占了原本属于他们的一些市场领地，以至于到1985年秋，英特尔已连续六季度出现亏损。就在产业界都普遍怀疑英特尔是否能继续生存下去的时候，英特尔CEO安德鲁·格鲁夫与董事长戈登·摩尔进行了一次认真严肃的单独会谈。

谈话中，格鲁夫问摩尔："如果我们下了台，你认为新当选的CEO会采取什么行动？"摩尔犹豫了一会儿，说："或许他会放弃生产存储器。"格鲁夫坚决地说："为什么我们自己不走出这个怪圈呢？"

最终，格鲁夫说服了摩尔，他力排众议，坚决砍掉存储器的生产，而把生产微处理器作为英特尔的新利润增长点。

奇迹发生了，1992年，英特尔在微处理器上的巨大成功使它成为世界上最大的半导体企业。1987年至1997年的10年间，英特尔的年投资回报率平均高达44%。安德鲁·格鲁夫也两度被美国《商业周刊》评为全球最佳企业领导人。

回想起当年这一惊险经历，安德鲁·格鲁夫感慨万千，他认为，在一个企业感到自己即将被激流和旋涡吞没时，往往也是企业面临着一个新的战略转型的时候。在这时，你的决策即便会面临着巨大压力，也不能轻言放弃，顶住，你终究打开一个全新的局面。

每一项决断都是一次选择，选择了所领导的组织的命运。德鲁克在《卓有成效的管理者》一书中写道："管理者必须经常在实际上不肯定的条件下用肯定的预感发言，缺乏这种品质就会产生严重后果。"

当企业突然遭遇危机时，下属的目光都聚集在了领导者身上，领导者的一举一动都将成为众人关注的焦点。如果领导者含糊其词、优柔寡断，无疑会显

第十章 未雨绸缪，积极乐观也要有忧患意识

得底气不足或才能贫乏，同时也会令下属感到失望。由此，只有在关键时刻挺身而出并果断决策的领导者，才会真正树立起威信。领导者的这种品质在为公司形象做危机公关时显得尤为重要。

众所周知，百事可乐与可口可乐为争抢霸主地位，相互之间的竞争非常激烈。一次突发事件险些使百事可乐陷入被挤出市场的危机，这就是"针头事件"。

事情的经过是这样的：威廉斯太太从超市买了两罐百事可乐给孩子，喝完一罐后无意中将罐筒倒扣于桌上，竟然有枚针头被倒了出来。威廉斯太太大惊失色，立即向新闻界捅出此事，可口可乐公司也趁机大肆宣传自己的产品。一时间，百事可乐陷入困境。

面对这样一个爆炸性新闻，百事可乐公司领导层立即采取措施，通过新闻界向威廉斯太太道歉，并请她讲述事件经过，感谢她给百事可乐把了质量关，除此之外还给予威廉斯太太一笔可观的奖金以示安慰。

另外，百事可乐公司通过媒介向广大消费者宣布：谁若在百事可乐中再发现类似问题，必有重奖。同时，在公司生产线上更加严格地进行质量检验，并请威廉斯太太参观工厂，使其确信百事可乐质量可靠，并赢得了这位女士的赞扬。

终于，由于百事可乐公司采取的措施及时、迅速、果断，不久便打消了消费者的顾虑，刺激了消费者的好奇心，不仅没有使销量下降，反而使购买百事可乐的消费者倍增。

由此可见，突发事件的紧迫性与破坏性，要求企业领导者必须采取积极果断的措施，运用领导艺术创造性地处理突发事件，避免组织危机。

美国克莱斯勒汽车公司的总裁李·艾柯卡曾说："如果我必须以一个字眼

来形容一个成功的企业家，那就是决策果断。"虽然犹豫不决可以免去一些做错事的机会，但也会丧失一些成功的机会。特别是危机当头，更不能贻误任何一个时机，否则很可能为企业带来无可估量的损失。

另外，领导者当机立断的决断魄力并不同于长官意志和家长作风。有些领导者总认为自己是正确的，在作出决策时也听不进群众的意见，他们主观武断，个人说了算。岂不知，这时他们已陷入了个人意志的屏障，阻碍着自己作出科学的决策，极易导致决策的失误。

总之，领导者在作出决断时，既要胆大心细，又要能准确抓住对方心理有的放矢，还要有灵活变通的头脑，才能使局面向有利于自己的方向发展。

第十一章
精进自己，任何时代都需要学习型领导者

1. 不学习就要被淘汰

查尔斯哈佛毕业后就职于纽约的一家软件公司。后来，公司因经营不善而被一家法国公司兼并了。在兼并合同签订的当天，公司的新总裁宣布："我们不会随意裁员，但如果你的法语太差，导致无法和其他员工交流，那么，不管是多高职位的人，我们都不得不请你离开。另外，这个周末我们将进行一次法语考试，只有考试合格的人才能继续在这里工作，请大家做好准备。"总裁说完就绝情地走了。

散会后，几乎所有的人都涌向了图书馆去补习法语。只有查尔斯表现得很轻松自在，像平常一样直接回家了。同事们都认为他已经准备放弃这份工作了，毕竟，哈佛的学习背景和公司管理层的工作经验会帮助他轻而易举地找到另一份不错的工作。

然而，令所有人都想不到的是，考试结果出来后，这个在大家眼中没有希望的人却考了最高分。原来，查尔斯来到这家公司后，他在

哈佛领导课

工作中发现与法国人打交道的机会特别多,不会法语会使自己的工作受到很大的限制,所以,他很早就开始自学法语了。他利用可利用的一切时间,每天坚持学习,最终学有所获。

哈佛教授总是提醒学生说,要很好地投资未来,就要积累一定的资本,而其中最主要的就是要积累自身的资本。在哈佛校园,学子们都是步履匆匆,常常是夹着课本从这一堂课直奔另一堂课,因为他们一直都坚守着这样一个信念:成功需要积累,不学习就要被淘汰,只有不断完善自我,才能积极应对各方面的挑战。

成功与安逸是不可兼得的,选择了其一,就必定放弃了另一结局。

在当今这个生活节奏加速的时代里,人们似乎每天都没有充裕的时间去做完想做的事,所以很多人即使有好的想法也无从实行。但是,如果一个人每天肯用心付出一点点的时间来充实自己,哪怕只是一小时,那积累下来,将来所取得的成就也是让人称奇的。

每天都有点滴的进步,不仅能让自己的内在潜能得以充分地发挥,也能积累成功的资本。在哈佛,有的教授已经获得了诺贝尔奖,但仍孜孜不倦地学习,有的教授已年逾古稀,还坚持到实验室做研究……这对于每个想在事业上更进一步的领导者来说,都是个极大的鞭策。

NBA球星迈克·詹姆斯是一个不断充实自己、升级自己的典范。

迈克·詹姆斯是NBA一位不折不扣的"流浪球员",他并没有参加NBA球员选秀。从第一年进入NBA,詹姆斯一共换了8支球队,他都能很好地适应,并为自己赢得了金光灿灿的总冠军戒指。

詹姆斯随时都在为自己充电,做最好的准备来迎接变化。2008年,在热火队打球的詹姆斯出席了在斯坦福大学举办的球员商机发展

第十一章　精进自己，任何时代都需要学习型领导者

联合会，并接受职业生涯规划的教育。之前他就已经获得儿童心理学硕士，他坦言，希望斯坦福大学的课程能有助于自己日后成为一个出色的商人。

詹姆斯能在被鲜花和掌声的包围中保持清醒，时刻意识到充实自己。他明白一个球员终究要退役，但人生不可能就此结束。唯有不停地学习，才能适应变化，才不会为时代所淘汰。

都说学无止境，但真能每天都坚持学习知识的人却寥寥无几，所以并非人人都可以当上一个称职的领导者。大多数领导者凭着自己的力量，不断完善自我、学习、成长，历经岁月的磨砺终于成为能力超群、实力非凡的精英。就拿美国前最高法院法官休格·布莱克来说，在他进入美国议会前，并未受过高等教育。但他从未放弃过学习，坚持每天从百忙中挤出时间到国会图书馆去看书。政治、历史、哲学、诗歌等方面的书，他都有涉猎。数年如一日，就是在议会工作最忙的日子里他也从未间断过。后来他成了美国最高法院法官的时候，同时也是最高法院中知识极为渊博的人士之一。

20世纪初，一个日本人和一个美国人都在为自己的人生努力着。日本人坚定了要"勤俭节约"的信念，每月雷打不动地坚持把工资的1/3存入银行；美国人则把美国证券市场有史以来的记录搜集到一起，在那些杂乱无章的数据中寻找着规律性的东西。

这样的情况在两个年轻人的世界里各自延续了6年。6年后，日本人靠自己的勤俭积蓄了5万美元的存款，从银行家那儿获得了100万美元的贷款，创立了麦当劳在日本的第一家分公司。

而美国人成立了自己的经纪公司，并发现了最重要的有关证券市场发展趋势的预测方法，他把这一方法命名为"控制时间因素"。在

接下来的金融投资生涯中,他赚取了5亿美元的财富,成为华尔街上靠研究理论而白手起家的神话人物。

那个日本人叫藤田,是一个靠从牙缝中挤钱,从而跻身亿万富豪行列的商人;那个美国人是威廉·江恩,后来,他的理论被译成了十几种文字,成为世界各地金融领域从业人员必备的知识。

从某种程度上说,每个人都是自己的投资者。如果你不去努力,不去付出,不让自己有所进步,那就像放在口袋里的金钱一样,不仅不会有利息的回报,反而会使钱财不断流失,最终让自己身无分文。所以,一定要不断地前进,增加自身筹码,因为你今天所付出的一切,在将来都能得到回报。

当今社会,知识更新速度快,每个领导者都要不断地学习,不断地前进,以此来保证自己能不被淘汰。但如果不去努力,总是原地踏步,哪怕你天资卓越,最后也不过是个无用的领导者,跟不上时代步伐——而这种情况,也恰恰是被时代淘汰的一种表现。

2. 如果你没有进步,那就意味着你正在退步

哈佛校训里有句话说:"今天不走,明天要跑。"提醒哈佛学子要明白时间的宝贵,不断在学习中完善自己,如此才能确保自己不会在日新月异的社会里落伍。

学习如逆水行舟,不进则退,这已然成为共识。社会就是一个不断发展、进步的系统,作为其中的一分子,我们必须要适时地自主更新,积极充实自己,这样才能更好地适应社会的发展变化。

第十一章　精进自己，任何时代都需要学习型领导者

一群大学生毕业十年后，相约到母校聚会。教授得知这些学生十年来的成就与作为，特别是当初寄予厚望的几位同学如今却表现平平之后，很不满意。

教授感到不解，于是问他们："你们毕业后，平均每月看过一本书的请举手。"

学生们都露出惭愧之色，没有一个人举手。

教授很失望："一个月看一本书，对任何人来说都不困难，为什么你们一个人也做不到呢？难道你们认为在学校学习的那点知识已经够用了吗？难道你们在工作中没有遇到任何问题，不需要学习新的知识来解决吗？"

教授的话着实令人深思——走上工作岗位后，能坚持平均每月看一本书的人有几个？难道是因为不需要或者没有时间吗？当然不是。大多数人从学校毕业后进入社会就失去了进取之心，得过且过，当然也就不会再有什么进步。

我们现今所处的商业经济时代是人类有史以来最富挑战性的时代，真可谓"物竞天择，适者生存"。就像一场赛跑，你是其中的竞技者，如果不下决心排除万难，为赢而战，你就会被其他更想赢的对手甩到一旁，淘汰出局。

在生活节奏日益加快的当前，如果你今天没有进步，明天你就要为今天的退步而加倍付出。对于每个领导者来说，即使目前身居高位，但也时时刻刻在面临着潜在的危机，如果不能及时用新的知识来充实自己，也必将逃不过被淘汰的命运。

这就要求领导者每天都要让自己有所进步。哪怕进步微小，但只要前进了，就是获得了一种成绩。因为，每时每刻，其他人都在向前奔跑，如果你止

步不前,你就会远远地被人甩在后面。到那时,纵使你使出全身解数全力追赶,恐怕也是无济于事。

迈克和杰瑞是从小玩到大的伙伴,迈克比较聪明,学什么都是一点就通;杰瑞反应比较慢,尽管他很用功,但成绩平平。因此,与迈克相比,杰瑞心里时常流露出一种自卑。

然而,杰瑞的母亲却总是鼓励他:"奔驰的骏马尽管在开始的时候总是呼啸在前,但最终抵达目的地的,却往往是充满耐心和毅力的骆驼。所以,不要总是以他人的成绩来衡量自己,你的每一点进步都是了不起的杰作。"

就这样,杰瑞不再为自己的不足而自卑,而是想方设法让自己不断进步,并从各个方面充实自己,一点点地超越着自我,最终成就了非凡的业绩。

但迈克自诩天资聪颖,从不想着如何让自己获得进步。因此,他被杰瑞一点一点地甩到身后,直到再也无法赶超这个小时候"笨笨的伙伴",最终一生业绩平平,没能成就任何一件大事。

比尔·盖茨说:"拿走我所有的财富,把我丢在沙漠,哪怕只有一个商队经过,我都会再次成为世界首富。"为什么他能这么自信?因为他的头脑才是他挣钱的资本。如果一个人脑袋空空,对现代社会所需茫然无知,对潮流走势更是一知半解,那他必定会被社会淘汰。我们经常看到一些人,因为这样那样的原因放弃了学校教育,但是多年后,他们还是会回到课堂,重新去学习知识和提高能力。

对于成功的目标来说,一个人步入社会时拥有多少知识并不起决定性作用,其自我进修的态度才是决定事业成长高度的因素。只有气充满了,球才能跳得更高；油充足了，车才能行得更远。正如保尔所说："只有使自己更充实，那么在临死时才会感到幸福，而不会为自己空虚的一生后悔。"

当你停步不前时，别忘了别人还在奔跑。在此奉告那些取得一定成就却安于现状的领导者，不要再优哉游哉地荒废大把时间了，因为有很多人在你懒散的时候努力前进，他们的进步明确地昭示了你在逐渐退步。但当你发现自己已与新生事物脱轨时，或许已经没有了时间与精力去追赶。

3.放下身份，不耻下问

凡是去过哈佛的人，都无一不为哈佛那种自由、平等、和谐的学术氛围所感染。这里的每一个人都是无比谦恭的，无论是知名教授还是普通学子，他们都不会刻意显摆自己的身份，并且有着虚心向他人请教的雅量。

放在今天的企业管理中来，虚心向人请教仍是领导者的一门必修课。"尺有所短，寸有所长"，每个人都有自己的独特之处，当领导者能够正确看待自己与他人之间的差距，并且能够主动放下自己的身份去请教，那么也就是在学习上迈出了一大步。

领导者对自己的短处、缺点不要避讳，要敢于暴露，敢于正视自身存在的问题及不足，并及时加以改正，这样才能赢得大家的信任和尊敬，才能不断完善自己，提高自己。就如比尔·盖茨说的那样：即使你是一个天才，你也不可能一通百通。一个聪明的人，他的聪明之处在于不耻下问，虚心地向他人求教。

丰田的成本管理技术可以说是世界上最先进的管理技术，作为这一技术创造团队的直接领导者，丰田喜一郎可以说是管理界的神话。

能够带领团队创造出如此大的成绩，除了丰田喜一郎刻苦的钻研精神和管理头脑外，还有他谦逊好学、不耻下问的品质。

丰田喜一郎经常被邀请到世界各地去演讲，他的翻译兼秘书对于他的这种好学精神很是佩服。在每次演讲前丰田先生都会认真地准备和练习，而且虽然他在台上讲得非常完美，但每次演讲完他都会和秘书交流，问他："我今天哪里讲的好，哪里讲得不好？"丰田喜一郎这并非故作姿态，也绝不是问问就算了。他会拿个本子仔细地记下秘书的意见，并和他探讨自己哪里做得不妥，那里需要改进。

丰田喜一郎在事业上做得这么成功，还能这么敬业、谦虚，这是非常难得的。在这一点上，丰田喜一郎可以说是每个领导者的好榜样。

一个成功的人，往往不是一开始就具备非凡的能力，而是不断地向他人学习，吸取别人的长处，在学习的过程中一步一步地发展自己的才能。反之，领导者如果自以为是、目空一切，只能阻碍自己的发展，失去自身的权威与下属的支持。就连美国总统奥巴马都时刻保持着无比诚挚虚心的态度，比如他刚荣登总统宝座之时，就去拜访前总统克林顿与小布什，并说："对我来讲，今天能有机会获得诸位的建议、忠告和友谊，非常难得。"

另外，领导者能虚心向他人学习，也是解决与他人之间摩擦最好的润滑剂。但如果领导者总是以高人一等的身份出现，盛气凌人，久而久之，与下属的冲突将难以避免导致上下离心离德，即使领导者其他方面的品质很优秀，也很难获得众人的支持与追随，这样就难以与下属建立融洽的上下级关系，也无益于管理的有效实施和工作的顺利开展。而更重要的是，很可能还会因盲目决策而导致企业在发展中的失败。

在日常管理中，领导者向下属学习就是对他们及其工作的了解。每一名下

第十一章 精进自己,任何时代都需要学习型领导者

属都可以找出他们的长处,谦虚地向他们学习,尽管他们是下属。每个怀有大抱负的领导者,还是收起高傲的性子,多拿出些虚心的姿态来吧,如此才能使你的事业更进一步。

4. 牢记开卷有益

比尔·盖茨要求自己每年至少读52本书。为了使得阅读效果最为理想,比尔·盖茨每天晚上至少专心读一个小时的书,而且他有一个习惯,就是会经常在书的空白处做笔记,记下自己对书中内容的理解和思考,而且他喜欢纸质书胜过电子书。比尔·盖茨说:"我觉得读书要比谈话更好,有时间跟他人闲聊的话,还不如读读书。"

有人说:"不是所有爱看书的都是领导者,但所有领导者都爱看书。"这话一点不假。越是职位高的领导者越明白知识的重要性,并能积极从书中汲取营养,这对自己的领导形象、管理技巧和个人修养都有着有益的作用。

哈佛历史上最著名的校长埃利奥特曾经告诫自己的学生:"人,若是能养成每天读10分钟书的习惯,20年后,必判若两人。"在如今这个快速发展的时代中,我们如果想要跟上时代的步伐,就必须时时刻刻寻找机会给自己充电,每天开卷一小时,不是尽量,而是必须要做到的。

美国著名商业杂志《FORTUNE》曾做过一项调查,调查结果显示:美国80%的财富仅被少数的20%的人拥有,余下的20%的财产却被占人口绝大多数的80%的人拥有。针对这种情况,记者在后面注解说:即使我们将全国的财产平均分配,每人一份,那么若干年后,美国社会依然会被二八分配规律所控制。记者注解的这句话令我们深思:到底是什么因素决定了他们始终能取得与众不同的成就呢?原因不难理解,据《FORTUNE》杂志统计,这20%的富人

来自各行各业，民族、性别、性格、年龄等等因素也千差万别，但有一样是这些人中绝大多数都具有的，那就是超于常人的知识。而更关键的一点疑问是：在美国拥有大学学历的人比比皆是，那么为何不是所有掌握知识的人都拥有财富呢？其实很简单，掌握知识并不足以致富，致富的真正手段是在掌握知识的前提下能够合理地运用知识。

由此看来，书本上的知识浩瀚博大，每个企业的经营风格同样各有特色，企业领导者可以主动去学习，却不能照搬，只有融会贯通，有效结合，才能如愿取得好的领导成绩。

作为一个领导者，也许你正在为自己的能力提升而犯难，也许你正在为如何管理员工而烦恼，也许你正在为怎么样和客户更好地交流而焦急，也许你正在寻求一种提高效率的方法……那么，我们应该如何在这种被动的局面当中开展自己的事业，创造自己的辉煌呢？

其实答案很简单，那就是学习、学习、再学习，让自己在持续学习中提高自己的"含金量"，提高自己的身价，方能在新的挑战中立于不败之地。因为，开卷始终是有益的。

当然，开卷有益重要，学以致用更重要，如今这个社会早已不适合只顾埋头苦读的书呆子了，学习在于继承，而创造是开拓未来，一个总是原地踏步的人，终将会为别人所取代的，尤其是在领导岗位这个竞争激烈的地方，更需要我们不断地学习和创造。

> 日本化学家福井谦一在上大学时接触到理论化学，学习过一段时间后，他突然产生了一个大胆的想法："既然有数理物理学，为什么就不能有数理化学呢？"在他人看来，这样的想法搁在一个年轻大学生身上未免有点"狂妄"。但后来，量子化学的产生，充分证实了福井谦一的设想是很有预见性的。

第十一章 精进自己，任何时代都需要学习型领导者

但是，当时的日本重视应用技术，轻视基础理论，福井谦一的研究根本受不到重视。甚至当他的关于量子化学的论文在美国物理学会的《化学物理学》杂志上发表后，日本国内仍有些人不以为然，就连他的一些同事和上司也对福井谦一报以讽刺的态度。

20世纪60年代，福井谦一所创立的"前线轨道理论"受到欧美许多著名科学家的高度评价。从这之后，他才逐渐得到了日本化学界的承认。他不断进行研究，把新理论的适用范围推广到芳香族碳氢化合物以外的其他各种化学反应过程。由于此项研究成果，1981年福井谦一荣获诺贝尔化学奖，成为日本也是亚洲第一位荣获诺贝尔化学奖的科学家。

真正的学习应该是一个不断用创新挑战固有知识的过程，在学习中，我们不能够把自己的自由空间堵死，不能把个性和内心隐藏起来。当一个人拥有了敢于挑战书本上或是理论中有着"真理"光环的理论的勇气，他便有了新的突破。当然，这样的举动并不是要我们一股蛮劲向前冲，而是要有着充分的依据，不然，推翻旧理论体系不成，反倒让自己成为全社会的笑柄。

事实上，创新更是一个探索未知的过程。在复杂多变的创新实践中，面对纷繁复杂的诸多现象，只有反复并深入学习，才能认清事物本质，决定前进方向，从而实现创新突破。

由此，当我们有了自我尊重的态度，并能唤醒自己内在的学习动机，激发自己的创造能力时，才能够做到"青出于蓝而胜于蓝"，才能够让自己的能力得到升华，才能够让自己在领导岗位上越走越远。

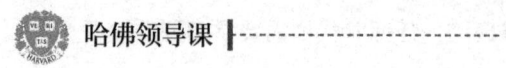

5. 在实践中探索,从失败中总结

事实表明,无数成功事物都是在一次次实践中、总结无数次失败经验和教训之后成长起来的,世界顶级院校哈佛大学也不例外。

详细算来,哈佛的课程历经五次大规模的改革:1869年选修课制度改革、1919年集中分配制改革、1945年普通教育改革、1978年核心课程改革以及2007年通识教育本科的课程改革。

可以说,哈佛大学的每次改革都是对前一轮课程改革实践的总结,以及对社会发展趋势的透彻分析和整体把握。就拿哈佛2007年的改革来说,面对21世纪全球化的政治经济文化的挑战,哈佛逐渐意识到,学校沿用30年的课程已经逐渐出现了过于狭窄、缺乏时代感、只重理论的弊端,而这些严重的弊端让哈佛毕业生无法在各行各业中占据领先地位。

于是,在通识教育理念下,哈佛将原来的核心课程由7门改为8门,要求学生在每个方面选修一个半学期的课程。在继续培养学生专业领域创造性的同时,更加强调在美学、伦理、文化、情感、态度、观念等方面的教育,从而培养出视野更为广阔、能够应对各种复杂情况的复合型人才。

哈佛之所以成为一流大学,是通过连续不断的回顾自我、反思自我和更新自我取得的。只有不断在实践中探索,才能与时俱进,也才能永远走在世界的最前端,培养出与时代相适应的人才。

对于大小企业的各个领导者来说,保持着在实践中探索、从失败中总结的良好习惯和态度尤为重要。哈佛商学院教授埃德蒙森曾在《哈佛商业评论》上发表文章《如何从失败中学习》，详细地分析了各种失败及其应对方法。在这本书中，他把失败分门别类，提出对待不同的失败要有不同的处理方法。

敢于探索是勇气，善于总结是态度，领导者在企业发展中能做到如此，也就是又多学了一门知识，得到进一步的提升。有句话说得好，"过去的教训，是今天免费的经验；他人的智慧，也能够转变为自己的智慧"。

1982年，本田在美国重型摩托车市场占有40％的份额，在当时独占鳌头，让哈雷摩托车的领导者们一时一筹莫展。

为此，哈雷摩托车的主管亲自到本田摩托车设在俄亥俄州的工厂考察，结果却令他非常吃惊。他在本田厂内看不到电脑，也没有机器人，只有少量的纸上作业。工厂内除了30名管理者和470名装配工人外，再也没有任何配置和设施。

他还发现，本田摩托车只有5％的产品在生产线末端被剔除，而哈雷却有五六成，而这些哈雷摩托车被剔除的原因大部分是因为缺少零件，或者是有些材料因为在仓库储存过久，而直接被废弃。

经过苦心研究本田制造机车的模式后，哈雷终于发现问题的症结所在。五年后，哈雷重整旗鼓，引进了本田的库存管理系统，将员工参与模式和以统计数据为基础的品质制度，与美国人的心理特点相结合，并以此获得了市场占有率从23％增至46％的好成绩。

《极客与怪杰》的作者本尼斯和托马斯，把这种塑造领导力的经历称为"熔炉"。对于领导者而言，"熔炉"经历是一种考验，能促使他们总结前人的经验和教训：别人失败的原因是什么？获利的基础是什么？通过这样的思考，领导者会变得更强大，作出的决策也更具有依据性。

爱迪生在发明电灯的过程中，失败了无数次。有过数次的无功而返后，他的助手说："唉，又失败了。""不，"爱迪生轻松地说，"这是我们又找出了一种不适合做灯丝的材料。"成大事者往往会在实践中勇于探索，并在失败的教训中获益，然后走向成功。当然，关键在于自己是否能够从失败中吸取教训，避免再犯同样的错误。

1992年12月，微软聘用了曼蒂为部门主管，负责筹划如何把新技术用来制造消费产品。而曼蒂此前的经历就是，用十年的时间，创立并经营爱林特计算机系统公司，却以入不敷出倒闭而宣告结束。而让人意外的是，他失败的经历，正是微软选择他的原因。因为微软相信，一次的失败，正好可以提供给他检讨的机会，从而加速他取得最终的成功。最终，微软没有失望，在格里格·曼蒂的努力下，新方案获得圆满成功。

即使失败是一笔宝贵的财富，领导者也一定要让员工及时从中吸取经验教训，并找出失败原因及时补救。这才是领导智慧的体现。

对于企业领导者来说，一次错误的判断，甚至一刻的犹豫，在紧要关头都可能被人抢了先机，眼睁睁看着机会成为别人成功的垫脚石。我们常说：被一块石头绊倒一次不要紧，要紧的是不能被同一块石头绊倒两次——第一次可以说成是意外，或者你没有准备好，但如果第二次还是栽在这一步上，恐怕没有人再会将你的过失看作偶然。

因此，作为领导者，要保持一颗敢于在实践中探索的心，即使失败，也要认真反省自我，总结失败的经验教训，避免故态复萌，只有这样，才能够在事业上有更好的发展。

6. 取人之长，补己之短

Facebook成功的一个主要原因，可以说是马克·扎克伯格慧眼识人，聘用有能力的员工共谋大业，尤其是在马克·扎克伯格自己不擅长的领域，他更是不遗余力地网罗人才。马克·扎克伯格曾公开表示自己最精于数据分析并注重发展策略，但Facebook要想更好发展，必须招募到公司需要的各方面的人才，让他们做自己最擅长的事情。

2004年6月，马克·扎克伯格力排众议，聘请肖恩·帕克担任Facebook首任CEO，他认为，帕克能解决Facebook的燃眉之急——筹资的问题。帕克没有让马克·扎克伯格失望，他不仅帮助Facebook筹集到了最初几轮的外部资本，而且在马克·扎克伯格忙于公司的文件共享业务时，他担当起了引领公司向着既定目标发展的重任。

同样，谢丽尔·桑德伯格在被马克·扎克伯格招募到Facebook前任职于谷歌公司，她以擅长营销、人事、公关而闻名于业界。马克·扎克伯格"三顾茅庐"，将谢丽尔邀请到Facebook担任首席运营官。

一个优秀的企业领导者能够客观地评价和对待自己的优点和缺点，不断地对自己的行为进行反省和调整，并采取方法克服这些不足，能够做到取人之长，补己之短——这对一个企业的健康发展非常重要。

凡是唯才是举、任人唯贤的人在事业上无不是取得成功的。正如美国钢铁大王卡内基的墓碑上刻着的文字那样："这里长眠着一位先知，他勇于用比自己强的人才！"卡内基之所以成为钢铁大王，并非由于他本人有什么了不起的能力，而是因为他敢用比自己强的人，他能看到并发挥他们的长处。他曾说过："把我的厂房、机器、资金全部拿走，只要留下我的人，4年以后又是一个钢铁大王。"

人各有长处，在用人上，领导者要敢于直面自己的缺点，并能使用能力比自己强的人，达到相互促进的效果。而那些生怕下级比自己强、怕别人超过自己、威胁自己，并采取一切手段压制别人、抬高自己的人，永远不会成为有效的领导者。

强人往往有较突出的特点，与人类现有的博大的知识、经验和能力相比，即使是最伟大的天才也有弱点。德鲁克说，谁想在一个组织中任用没有缺点的人，这个组织最多是一个平平庸的组织；谁想找各方面都好、只有优点没有缺点的人，结果只能找到平庸的人。

无论何种性质的企业，都存在一个投入和产出的问题。每个人的能力都有一定限度，但是只要有心与人合作，善假于物，就能够有效弥补自己能力的不足，达到自己原本达不到的目的，而且能互惠互利，让合作的双方都从中受益。

1952年，日本松下电器公司与荷兰飞利浦公司之间决定进行技术合作。为了保证技术合作项目的效益保持稳定，松下幸之助亲自去往飞利浦公司，对其做了深入细致的调查研究。在调查飞利浦公司一个拥有3000名研究人员的研究所时，松下发现他们设备精良，技术先进，人才济济，每天都在进行着世界最新技术和最新产品的开发研究。

松下知道，如果依靠自己现在的技术和力量，想要创造一个这样大规模、这样高水平的研究所，需要花上几年的时间，耗用几十亿日元。但是如果通过与飞利浦公司合作，便可以充分利用其现有研究团队和研究技术，恰好弥补了松下公司在此种技术上所有的不足。

于是，松下以55万美元作为专利转让费，并且一次付清。虽然这笔相当于两亿日元的技术转让费对松下公司来说是一个相当沉重的负担，但是由于得到了来自飞利浦公司的技术支持，还有他们的研发技术、理论知识和管理经验等,为松下电器公司发展成为驰名全日本乃至全世界的公司打下了坚实的基础。

飞利浦公司称雄世界的技术实力,使松下公司最终发展成为世界著名的电子工业公司。

当别人比我们知道得更多时,我们就应当主动去向别人学习,借助别人的力量来成就自己。这正应了那句名言:"帮助别人往上爬的人,会爬得更高。"如果你帮助另一个孩子上了果树,你因此也就得到了你想尝的果实,而且你越是善于帮助别人,你能尝到的果实就越多。

每个人都有自己的优点,我们只有善于发现别人的优点,才能更好地利用这些优点为自己服务。这对于决定着企业兴衰成败的领导者来说,意义颇为重大。

在日常工作中,不管是用人也好,与比自己更强的公司合作也好,要想客观、公正地发现他人的优点,就要尽量做到以下几点。

(1)不以第一印象作为取舍判断的唯一标准

俗话说,先入为主。通常人们很重视别人给自己的第一印象,但是,第一印象得之于较短时间的接触,又无以往的经验作为参照,主观性、片面性较强。所以,一定要注意其消极的一面,既不能因第一印象不好而全盘否定,又要防止被其表面的堂皇所迷惑。

(2)不因一时一事评价对方

在较为长期的交往中,最近的印象比最初的印象更占优势,这也是一种心理惯性。由于这种惯性的作用,人们往往会以最近的印象来评价人。事实上,不管情感如何变化、交往的深浅,我们都应该辩证地看待每一个人和每一件事情。

(3)不以自己的好恶评价对方

每个人都有自己的好恶,如果投你所好,你就全面肯定,不合你的胃口就一棒子打死，让个人好恶蒙蔽了眼睛，你当然很难发现别人真正的优点。

总之，在正确认识上述几点注意事项后，我们才能真正清楚地发现他人的优点，如此也就能将之与自身的短处相结合，从而才能使我们的事业更进一步。

7. 从社会中学习

哈佛大学有两位最著名的"辍学生"，一个是软件奇才比尔·盖茨，另一个是社交网络教父马克·扎克伯格。当然，这二人事业成功后又都到哈佛"回炉"，获得了学位和毕业证。

说起原因，比尔·盖茨和马克·扎克伯格有一个共同的感受就是，他们当时需要走出校园，去社会上学习更多有益于自己发展的知识，不让自己错过有助于理想成真的机会。

人们常说："知识是推动社会进步的根本动力。"而要想获得新知识，就要不断地学习。一般当我们谈到学习的时候，总是会将其与厚厚的书本联系在一起，什么"书山有路勤为径，学海无涯苦作舟""书到用时方恨少，事非经过不知难""世间何物贵，无价是诗书""积钱积谷不如积德，买田买地不如买书"，好像除了读书就没有其他学习的途径一样。这种想法是不正确的。

正像一个哲人说的：生活是最好的老师，只要你留心于它，它便会告诉你许多书本上学不到的东西。可遗憾的是，有很多人只是这么想就是不这么做，对于身边可以长学问长智慧的东西，往往视而不见。

伽利莱·伽利略出生在意大利一个破落的贵族家庭，当伽利略来到人世时，他家里已经很穷了。为了免于饥饿，尽量多挣点钱，伽利略的父亲想让他将来当个布商。为此，先送他到学校去读书。

第十一章 精进自己,任何时代都需要学习型领导者

但是伽利略对于经商并没有多大爱好,相反,他对于机械方面却表现出了浓厚的兴趣,看到什么有意思的东西,总想自己试着做一做。每当别的孩子去玩耍,他却躲在一边,做着各种各样精巧有趣的机械玩具。

在学校里,伽利略勤奋刻苦地学习着,他很快学会了拉丁文、希腊文、哲学,就连图画和音乐他也学得很好。父亲看到这种情况,就放弃了要他做布商的念头,决定要他学医。于是,17岁的伽利略进了比萨大学。

有一次,伽利略到比萨大教堂做礼拜。悬挂在教堂半空的一盏吊灯被门洞里刮来的风吹得来回摆动。他无意中发现,虽然风停止后,吊灯来回摆动的幅度慢慢变小了,但是时间却几乎没有改变,这不禁引起了他的好奇。

为了确切地肯定每次摆动的时间相同,当时在学医的他忽然想到用自己的脉搏测试。测试的结果肯定了他的猜想。接着他又想:"吊灯要是大小不一样,摆的时间会有什么不同吗?挂吊灯的绳子要是有长有短又会怎样呢?"于是回到家后,他迫不及待地做起了实验,结果发现摆动的快慢与物体的重量无关,当线长时摆动慢,当线短时摆动快。后来人们根据伽利略的发现,制成了时钟。

著名政治家、美国第三任总统托马斯·杰斐逊先生说过:"一个自由的人除了从书本上获取知识外,还可以从许多别的来源获得知识。"书籍和学校教育的确是大多数人的知识来源,然而对于事业上的成功来说,仅从书本上学习还远远不够,一些来自社会大学的经验也是成功所不可缺少的。

不少科学家往往都是对生活中一些极其普通的现象的发现而萌发奇想,并以其大胆的创新而改变这个世界。牛顿发现万有引力的灵光一闪不过是因为一

个苹果砸在了他的头上，瓦特发明蒸汽机也只是看到壶水开沸顶起壶盖。更有趣的是，英国有一个名哈格里沃斯的普通工人，一次偶然碰翻了妻子的纺织车，可他发现纺车倒了纺锤却垂直立地仍在不停转动。于是，他联想到，如果用一个纺轮带动，在一个框子里并排装几根纺锤，不就同时能纺出几根纱来！这位工人抓住这个发现进行研究，发明出了世界第一部纺纱机，改写了世界纺织史。这都是生活中很普通的现象，但是隐含着科学史上的大智慧。

有人曾经说过这样一句话："在我所到之处，几乎所有的事物都影响着我的人生。有的助我成功，有的让我失败；有的引导我积极向上，有的诱惑我消极堕落。但他们都从不同的方面锤炼着我的灵魂，塑造着我的人生。"在生活中，哪怕是在最糟糕的事情上面，我们也能够获得宝贵的教益，这些教益何尝不是一种知识。也许那些不好的人和不好的事，在某些时候，就能够成为我们生命中最重要的导师。

对于领导者来说，最重要的事情就是为人处世，协调人与人之间的关系，然而这些东西却是书本上所没有的，需要到社会中去学习。

人无论接受过多少教育，终归还是要走入社会的，而那些能够获得多于他人社会经验的人则是一定能够更快地适应社会的。这就像是马云所说的："创业者最好的大学就是社会大学。"也许对于每一个人来说，学校的系统教育都是非常重要的，但同样的，来自社会的经验也是不可缺少的。

许多企业家都没有上过学，但是因为社会经验的积累，他们善于从身边的小事中学习，从而让自己的聪明和努力得到更好的发挥，进而取得了非同凡响的成就。

有句话说"处处留心皆学问"。只要能够强化自己对日常中客观事物的观察力，从社会中汲取知识和经验，那么我们就有了在社会立足的资本。

8. 会学习，更要能实践

比尔·盖茨最好的搭档之一史蒂夫·鲍尔默毕业于哈佛大学。鲍尔默是个数学天才，在其他学科的学习上他也是成绩优异。在微软创立初期，盖茨邀请鲍尔默加入微软，并任命他为首席执行官，他为微软帝国的创建立下了汗马功劳。2013年9月26日，鲍尔默从微软黯然离职。

对于他的离职，众说纷纭，但有一点是毋庸置疑的，就是鲍尔默虽然很善于学习，但他并没有随着时代的发展做到学以致用，使得微软在行动上停滞不前。

要求得知识，一靠学习，二靠实践。离开了学习，实践也就成了无源之水，无本之木；懂得了书本知识，有了理论，不付诸实践，知识、理论就成了装潢门面的东西。

波斯著名诗人萨迪说过这样的一句话："有知识的人不实践，等于一只蜜蜂不酿蜜。"只有实践才是通往成功的唯一道路。

卡尔·弗里德里希·高斯是德国19世纪著名的数学家、理物学家。高斯不到20岁时，在许多学科上就已取得了不小的成就。对于高斯的才智和所取得的成功，有些人非常不服气，决心要为难他一下。

有一次，一个年轻人拦住高斯。他用一根细棉线系上一块银币，然后再找来一个非常薄的玻璃瓶，把银币悬空垂放在瓶中，瓶口用瓶塞塞住，棉线的另一头也系在瓶塞上。然后他用挑衅的口吻对高斯说道："你一天到晚捧着书本，拿着放大镜东游西逛，一副蛮有学问的样子。你那么有本事,能不碰破瓶子,不去掉瓶塞,把瓶中的棉线弄断吗?"

高斯本来不想理会他,但是看到瓶里的银币后,觉得这个问题还有点意思,于是就接受了挑战。

过了许久,高斯还是没有能够解开这个难题。此时,大街上的围观者越来越多,大家兴趣甚浓,都在想着法子,但却都无济于事。年轻人觉得自己难倒了高斯,心中非常得意。

然而,这时候,人群中走过一位戴着眼镜的老人,高斯一侧头,眼镜反射的太阳光正好晃到他的眼睛,他脑子里一机灵,忽然高兴地叫道:"有办法了!"说着他从口袋里拿出一面放大镜,对着瓶子里的棉线照着,一分钟、两分钟……人们好奇地睁大了眼睛,随着钱币"铛"的一声掉落瓶底,大家发现棉线被烧断了。

围观的人群为此大为惊奇,看着众人不解的目光,高斯高声解释道:"我是把太阳光聚焦,让这个热度很高的焦点穿过瓶子,照射在棉线上,使棉线烧断。太阳光帮了我的忙。"听了这话,人们不由发出一阵欢呼声,那个年轻人也佩服得连连赞叹。

其实知识就像是一件锋利的武器,它的本身并没有杀敌的能力,只有我们把它拿在手中,组装成武器才能破阵杀敌无往不利。知识本身也并不能带来成功,只有用知识"武装"了自己,并且在实践中灵活地运用它们,才能够带来成功。

在现实中我们经常看到这样的人,他们很善于学习,看上去学富五车,很有才华,但是做起事情来很平庸,没有什么过人之处,这就是因为他们不能很好地运用自己学到的东西,从而导致了自身资源的浪费。

而有一些成功者,他们与平庸者相比并没有多大的优势,唯一的区别,就

第十一章 精进自己，任何时代都需要学习型领导者

是他们能够将自己的知识、自身的才能完美地与实践相结合，而正是这一点区别，便能够将一个人带入天堂，把另一个人打下地狱。

中国有个词叫作"死读书"，说的就是那些只会读书不会灵活应用的人。读书是获取知识、成就事业的源泉，然而一个人如果只会死读书的话，那非但到手的知识成就不了事业，最终甚至可能酿成"读书死"的惨剧。

有很多人称得上"胸中蓄有千策"，说起理论来一套一套的，但是真正实际操作了，却是两眼一抹黑，束手无策。古代著名的"纸上谈兵"，那个只会照搬知识的赵括就是很好的教训。

在当今社会经济条件下，知识的重要性更是突出。知识是财富的来源，知识的运用是取得财富的手段。想要成就一番事业，就要先确定方向，然后不断学习，不断丰富自己的知识，在拥有知识的基础上再行动，才有可能取得成功。

会学习，还要能实践。现实的情况千变万化，作为一个领导者，是整个团队的掌舵人，如果不能根据现实的情况随机应变，活学活用，如果只是照着书上所学的生搬硬套，那就会使得这些知识失去了生命的活力。这样一来，经典的智慧一样会变成死板的教条，不但于事无补，还会弄巧成拙，甚至带来灾难性的后果。

再好的知识也没有能当作"万金油"的时候，只有根据实际情况灵活运用才能够发挥作用。因此，掌握知识是成功的基础，运用知识是成功的途径，让知识和实际结合更是成功的关键。

第十二章

参透生活，幸福不是目标而是一种状态

1. 想要的不等于需要的

著名的哈佛大学心理学教授泰勒·本·沙哈尔教授指出："金钱除了可以提供食物和居所外（不是指鱼翅和城堡），只是一种实现目标的手段。有趣的是，我们经常搞不清楚目标和手段的区别，以牺牲幸福（目标）来换取金钱（手段）。"

有人曾对美国1500名学生进行过一项调查，询问他们选择自己的专业是出于爱好还是为了赚钱。1255名学生回答是为了赚钱，245名学生表示是因为喜欢。但当被问及赚到了钱是否就会幸福的时候，前者却一脸茫然。

不幸的根源往往在于人们想要的太多，却忽略了其实自己迫切想要的东西并不等同于是自己所切实需要的，却仍然孜孜不倦地追求，以致最终在物欲横流的旋涡中迷失了方向，甚至铸下大错。

有一个大规模的研究，针对全世界40个国家、每个国家的1000名

第十二章 参透生活，幸福不是目标而是一种状态

受访者做调查，用以了解财富和生活满意度之间的关系。

调查结果发现，在一些比较贫穷的国家中，财富的增加的确会提高人民的生活满意度，然而一旦国民生产总值超过人均8000美元之后，增加财富就不能再继续提高生活满意度了。也就是说，当穷到生活都成问题时，有钱会增加快乐和幸福感，然而一旦生活有了基本保障之后，再增加许多收入，也只能增加些微的幸福感，甚至完全没有影响。

而另一个研究则发现，我们对金钱的看法，远比金钱本身更能影响我们的幸福程度，越看重钱的人越会对他的收入感到不满，也连带对生活感到不满。

每个人心中都有自己对于幸福的定义，其中也有很多人仍然固执地认为，自己只有拥有了足够多的金钱后，才能获得真正的幸福。但结果并非如此。

金钱不是衡量生活是否幸福的尺子，金钱的多少只能代表日子是否富足，却代表不了日子是否幸福。利欲之心人皆有之，作为凡人我们无可避免地会产生这样的心理。但是，凡事一定要有尺度、有原则、有底线，否则一旦接近极限，即使努力想抽身，亦悔之晚矣。正如美国前总统富兰克林说的："对于不知足的人，没有一把椅子是舒服的。"

作为一名位高权重的领导者，对于自然之外的人为欲望，即人们常说的身外之物，如声色犬马、财物名利之欲，就必须减少到最低限度，根绝了私欲就可以得到安静。只有如此，才能避免坠入自挖的坟墓之中，也才能获得最真切的幸福。

有一次，福特汽车公司的创始人亨利·福特应邀到英格兰访问，在机场问讯处，他向接待员咨询当地最便宜的旅馆。接待员看了看

他——这是一个全世界都知道的、著名的人物。

接待员小心翼翼地说:"要是我没搞错的话,您就是亨利·福特先生,我见过您的照片。"

福特点点头表示肯定。

接待员更加疑惑了:"可是您竟然穿着一件看起来像你一样老的外套,而且还要最便宜的旅馆。我曾见过您的儿子上这儿来,他穿的是最好的衣服,他总是询问最好的旅馆。"

亨利·福特无奈地笑了笑,说:"是啊,我儿子是好出风头的。但对我而言,我在哪儿都是亨利·福特。最好的旅馆与最便宜的旅馆于我而言没什么两样。这件外套,是的,这是我父亲的,但这有什么关系呢?我是亨利·福特,不管我穿什么样的衣服,即使我赤裸裸地站着,我也是亨利·福特,这根本没关系。"

其实细细想来,我们真正需要的并不多,大都是因为从众、攀比心理而滋生出的贪念与欲望——这种现象在领导者身上尤为常见。

欲壑难填,一个人如果被欲望控制了心灵,就会不断地索取,最终完全忘记了"见好就收"的忠告。社会上不乏有许多领导者,本来处在领导的位置上就够让人羡慕的了,但因为内心想升官或想发财的欲望,产生了对现实的不满,最终一步步把自己的发展变得越来越窄。

因此,要想拓宽自己的生命维度,让自己在领导岗位上做得更好,首先就要控制自己的欲望,不能说完全无欲无求,但至少要熄灭那些不切实际的欲望,如此一来,才能把目光重新放回到现实生活中来,踏踏实实做好领导的工作,也才能看得清更宽广的前路。

我们常说:心有多远,就能走多远。一个人有远大的理想是好事,然而,当我们所要追求的太多、太繁杂、物欲太过旺盛,那么非但不能激发我们的动

第十二章 参透生活，幸福不是目标而是一种状态

力，甚至还可能为我们的行动增加负担，成为我们享受生活的羁绊。

德国哲学家叔本华曾说："人生其实就是一团欲望，不满足就痛苦，满足了就无聊，人就在痛苦和无聊里徘徊。"我们大多数的人都是如此，将自己逼得太紧，拼命地加快速度却不知道自己到底想要些什么，结果空忙了一场，什么也没有得到。

哈佛大学心理学教授泰勒·本·沙哈尔指出："'忙碌奔波者'的错误在于，只有成功本身可以为他们带来快乐，他们感觉不到过程的重要性。"人生正自无闲暇，忙里偷闲得几回？生活虽然忙碌，但忙里偷闲才是张弛之道。

艾丽莎是个可以为了工作去拼命的人。她每天都像是被拧紧了发条一般，一忙起来就没个尽头，恨不能练成分身术来替自己分担一些忙碌。有时偶尔安排出空闲时间来放松，她的脑子里还是充满了各种各样的念头：会议中要涉及什么内容，今天晚上还有约会，下一个预约好像是在后天……如此看似有序实则混乱的生活，有时让艾丽莎真受不了。

后来，艾丽莎终于承受不了这样的压力，紧张忙碌的生活让她几乎崩溃，在朋友的建议下，她开始注意适时地调整休息，腾出更多的时间来让自己放松。而她也在这样的生活方式中逐渐体会到了生活的情趣所在。

现在的艾丽莎，生活变得快乐又轻松，她依然能完成工作，而不必耗费全部的时间与精力。她说这就像回到了大学时光——有一大群朋友，经常在一起喝喝咖啡，聊聊过去的悠闲时光——而这，在以前是她从没有体会到的。

每个人的心灵都是有维度的，不允许我们毫无底线地役使。我们追求的越

多，就等于为心灵装载了越多的负担，如果不加节制的话，那么迟早我们的心灵将如同不堪重负的骆驼一样，被我们自己的追求压垮。

人人都说压力大，其实这些压力大部分还是来自自我施压。人生不是赛跑，而是旅行，当我们尝试着让自己放松的时候，其实压力也就荡然无存，也才能真切感受到幸福所在。

对于成天步履匆匆的领导者来说，一如心灵需要休假一样，有时候在商战中，你所经营的企业，你所带领的团队，你所做的项目，都需要休假，需要放松，需要休整。休息过后，重整旗鼓，你会发现，会走得更远、更坚定，也更加接近成功。

一位拥有千万元资产的老板在商场打拼了近20载，如今已过不惑之年，本来正值壮年该是将事业更上一层楼了，可是他逐渐地感到厌倦，也没有了当初拼搏事业的热情。

思前想后，他认定这是忙碌了太久心累所致，于是决定先将公司交由下属负责，自己去郊外散散心。

这位老板简单地收拾了一下行装就出发了。郊外远离市区，没有热闹与喧嚣，当地的居民都是些本分的老实人。老板每天除了品味当地风味小吃，有时也会去田间地头转转，跟老农谈谈天气，讨论讨论当年的收成。偶尔也带上一个马扎，去池塘边钓钓鱼。池塘边钓鱼的人群中孩子众多，欢乐的笑声每天都不断。当鱼上钩时，他也跟着孩子们大笑大叫——这些都让他有一种前所未有的愉悦感。

一个月后，他重新回到公司。他突然发现生活又变得鲜活起来，一切都充满了新奇与热情。他决定，一定要将事业更进一步。

商场上的收步是行为艺术，不是放弃，不是消沉，不是迎难而退的怯弱，

第十二章　参透生活，幸福不是目标而是一种状态

不是半途而废的丢弃，而是一种能高瞻远瞩的勇气，一种权衡利弊的睿智，是一种高明的商战手段。

作为一个聪明的领导者，面对硝烟滚滚的商战，要尽力克制自己，用冷静的态度面对竞争和压力。有时候，你会发现，暂时的收步，其实是一个战略性的调整，会让自己更好地赶路，从而取得最后的成功。正如"慢生活家"卡尔·霍诺所说："慢生活"不是支持懒惰，放慢速度不是拖延时间，而是让人们在生活中找到平衡。

由此，那些每日为公司繁杂事务所累的领导者，你因为负载过重而步履维艰了吗？你因为欲壑难填而疲于奔命了吗？那么，就不要再把自己逼得过紧，给心灵放个假吧。要知道，幸福不是拼命爬到山顶，而是向山顶攀登过程中的种种经历和感受。

人生路长，慢走何妨？风光无限好，让我们一路赏来一路歌。

2. 做自己，不过分取悦他人

"一个老师做得最好的事情就是做他自己，但做自己也是很有技巧可讲究的。"哈佛心理学教授泰勒·本·沙哈尔谈起他很崇拜的两位老师，一位有很强的思辨能力，另一位只要课程开始5分钟就能调动大家的情绪，甚至能使学生一直笑到课程结束。

"我特别崇拜这两个人，也一直梦想着成为这样的老师，为此我还专门去上了喜剧演员培训班，试图通过学习增强幽默感。但结果……"他笑着耸耸肩，"我发现这根本不奏效。"

泰勒说："当我努力在学生面前表现出无所不能、坚强完美的样子时，却发现这个做法让我感到很累——而这样不仅害了我自己，也伤害了学生，给他们树立了一个典型，告诉他们一条永远也走不通的、错误

的道路——成为'完人'。而打开自己后,在学生面前做一个自然的自己,反而让我更受尊重。"

哈佛第23任校长科南特曾说:"垃圾是放错了位置的财宝。对哈佛来说,重要的不是出了7位总统和30多位诺贝尔奖获得者,而是让进哈佛的每一颗金子都发光。"

很多时候,我们感觉不幸福的原因是太在意他人的看法,或是喜欢与他人比较,总想做到令所有人都满意。但这样的想法乃至做法却往往得不到好的结果,比如它常常会让我们感到自卑、沮丧、失望等,还很可能丢掉自我。

其实,我们无须刻意取悦他人,做一个真实自然的自己,当你的表现让自己感觉畅快、让他人感觉舒服的时候,也正是你最有魅力的时候。到那时,被你定位成"垃圾"的自己也会变成一颗闪闪发光的金子。

因为环境、个性、际遇等原因,我们不可能站在同样的起跑线上,所以,无论做什么事,你都不能让所有人满意,因为每个人都有他自己的看法和角度。有时为了取得别人的支持,你可以尽量迁就别人的要求,但是你不能期望所有人都对你感到满意。

好莱坞著名导演山姆·伍德曾说,最令他头痛的事,是帮助年轻演员克服这个问题:保持自我。"他们每个人都想成为二流的拉娜·特勒斯或三流的克拉克·盖博,可观众已经尝过那种味道了。"山姆·伍德说,"尽量不用那些模仿他人的演员,这是最保险的。"

许多人都在生活中逐渐迷失了自我,有的模仿他人,有的违背自己的意愿,不顾灵魂的声音,背弃了原则……当有一天,你蓦然惊觉这不是你想要的生活,你才发现,回归自我才是你最渴望的。

对于领导者也是同样的道理。不管你做任何事,如何做,总有人表示失望。把别人的看法和意见放在自己身上,只能造成一种失败。比如当你因做了

第十二章 参透生活，幸福不是目标而是一种状态

一件善事引起别人的注意时，就会听到各种截然不同的评论：有人说你做得好，大公无私；有人说你野心勃勃，一心想往上爬；上级称赞你有爱心，值得表扬；下属则说你在做个人宣传……总之，各种各样的议论一一迎面扑来。即便你是好心，即便你尽了全力，但你不可能使所有的人都对你满意。

有人采访美国国际公司总裁马休·布鲁斯，问他对别人的批评是否敏感。他说："没错，我年轻时确实对别人的批评非常敏感，当时我渴望全公司的人都认为我是完美的。如果他们不认为如此，我就会很烦恼。为了取悦第一个有反对意见的人，往往我得罪了另一个人。于是我又得安抚第二个人……结果搞得一群人都有意见。

"但是最后我终于发现，为了避免别人对我个人的批评，我试图安抚的人越多，我也同时得罪了更多人。我只有告诉自己：'如果你身居领导地位，就注定了要被批评，想办法习惯它吧！'这对我很有助益，从那以后，我只管尽力而为，然后撑起一把伞，让批评之雨顺伞滑落，而不再让它滴到脖子里，让自己难过。"

正是因为布鲁斯的这把"伞"为他遮挡了许多"批评之雨"，才得以让他做回了原本的自己，最终也才有了这样庞大的事业。

哈佛肯尼迪政府学院教授约瑟夫·奈说过："如果领导者只想着如何讨好民众，那么在需要使用硬权力时就会放不开手。相反，要是领导者不考虑软权力，只是一味来硬的，那么别人就会抵制他的硬权力。"

在工作中，我们不难发现，有的领导者和蔼可亲，说起话来和风细雨；有的领导者咄咄逼人，训起人来犹如狂风暴雨。但不管他们呈现出什么样的姿态，却往往都会获得很好的业绩，也能够得到下属的认可。这就说明，拥有不同个性、不同风格的人都能够取得成功，不是因为某种个性或风格更加优秀，

而是因为他们的表现是真诚的。

因此,作为领导者,无论你是一个什么性情的人,但只要发挥你独有的优势,你就会展现自己最好的一面。当你不"舒服"的时候,你要问一下自己,这样做是自己内心真实想要的吗?是自己能力的真实表现吗?如果不是,那么,尽早停止。

3. 化繁为简,就能活得轻松

他是全球最年轻的亿万富翁,同时也是最积极从事慈善事业的美国富豪之一,在全球顶级亿万富豪榜20强中他年纪最小,他就是美国Facebook的创始人马克·扎克伯格。

他日常出行开着一辆1.6万美元的本田飞度。他平时总喜欢穿同一件灰色短袖T恤,这个T恤他在出席很多重要的场合时都穿过。实际上,扎克伯格解释说:"我买了很多件一模一样的灰色短袖T恤,我想让我的生活尽可能变得简单,不用为做太多决定而费神。因为选择穿什么或者早餐吃什么这些小事都会耗费精力,我不想把精力浪费在这些事上,这样我才能把精力集中在更好地为社会服务这些重要的事情上。"

尽管扎克伯格拥有亿万身家,但他与妻子一直保持低调节俭的生活。他们最常去的就餐场所是当地的小餐馆,连两人的婚房也是2011年5月才购置的,之前他们一直租住在一套月租3000美元的小公寓里。

美国太空署曾遇到一个让大家绞尽脑汁也解不出的难题:怎样才能设计出一种笔,它能够帮助宇航员在失重的情况下,方便地握在手里,书写起来流利,且不用经常灌墨水。各位专家和研究者纷纷出招,可是都不符合要求。而

第十二章 参透生活，幸福不是目标而是一种状态

最后，最有效也最简易的方法来自一位小女孩，小女孩的建议是："为什么不试一试铅笔呢？"就这样，化繁为简，一个困扰了所有专家和研究人员的重大问题，如此简单地解决了。简单平静的生活，是许多人都渴望的一种幸福。而在今天这个貌似繁华的年代，回归到淡然简朴简直是一个神话——当然这并不是说过简朴生活有多困难，而是人们承受的担子太重，因为太忙而没有时间放下，或者说，放不下来。

潘瑞特一家——丹妮尔和凯瑞格以及他们的三个孩子，将豪华宽敞的固定住宅卖掉，而购买了现在的二手房车，从此开始了自由畅快的旅行之路，他们感叹生活十分美好。

凯瑞格说："我们过去生活在460多平方米的大房子里，现在的房车面积仅为32平方米。但是我们很喜欢。这不只是9个月的旅行，加上前前后后的时间，我们在这辆房车上生活的时间已经超过了一年。"

丹妮尔说，对于她来讲，这次旅行是她与丈夫、孩子们好好相处、交流的大好机会。以前，大人忙着生意，孩子们忙着学业，家人很少有时间能够聚在一起，"之前我们都为豪华的生活忙碌着，可那样的生活里没有全家人聚在一起开心的场面。"

于是，潘瑞特一家终于作出了这样一个重要的决定——将他们所有的建筑生意以及所有物业都卖了出去，一家人开始房车旅行生活。

"我们真想成为优秀的父母，和孩子们一起享受、承受生活。"丹妮尔说道，"生活不只是一直忙着挣钱、住在豪华的房子里、开着最新款的汽车，幸福的生活是有关家人的。停下奔忙的脚步，跟家人一起，简简单单地过，一切都给人幸福的感觉。"

梭罗说过："大多数所谓豪华和舒适的生活不仅不是必不可少的，反而是

人类进步的障碍。对此，有识之士更愿选择比穷人还要简单和粗陋的生活，简单和单纯的生活有利于消除物质与生命本质之间的隔阂。"梭罗在瓦尔登湖畔生活了两年多，他用亲身经历告诉世人：一个人凭着自己的双手就能满足自己的生活——一个人完全可以简单地活着。

苏格拉底说："我们需要越少，就越近似神。"或许，简单真的就是我们要追求的"精神国度"。其实，日子过得越简单才能越幸福：没有日日奔波劳累的疲惫，没有在公司里瞻前顾后的算计，没有患得患失的犹疑，也没有摧眉折腰的谄媚……简单的人，安稳笃定，从容淡然，宽广如海，和如春风。

作为一个企业领导者，比起普通的员工来，要面对的事情更错综复杂。那么，学会化繁为简，可以提高办事的效率，可以减少内心的纠结，同时也可以获得内心的安定。

集作家、集资人和地产投资顾问于一身的爱琳·詹姆斯在纽约工作，每天繁重的工作内容让她头昏脑涨。直到有一天，她坐在自己的写字桌旁，望着写满密密麻麻事宜的日程安排表，突然就觉得自己对这张令人发疯的日程表再也无法忍受下去了。她意识到，自己的生活已经变得太复杂了，用这么多乱七八糟的东西来塞满自己的大脑简直是愚蠢透顶。

就在这一刻，她作出了决定：要开始简单的生活。她着手列出一个清单，把需要从她的生活中删除的事情都一一列出来。然后，她采取了一系列大胆的行动：她取消了所有的预约电话；她停止了预订杂志，并把堆积在桌子上的所有没有读过的杂志都清除掉；她注销了一些信用卡，以减少每个月收到的账单函件……最后她大致一算，整个简化清单包括80多项内容。

如今，爱琳已是美国倡导简单生活的著名专家。

第十二章 参透生活，幸福不是目标而是一种状态

生活中，我们常常会遇到一些纠结的问题、复杂的问题和棘手的问题，让我们犹豫再三也不敢下决定。其实，只要学会化繁为简，学会抓住主要矛盾，学会看清事情的本质，想想做这件事的初衷，一切就迎刃而解了。

外界生活的简朴将带给我们内心世界的丰富，从而使我们明白：再多的负担与欲望在最平实的简单面前，都显得那么卑微。

作为一个领导者，当我们遇到一个复杂得如毛线球一样糟糕的事情的时候，一定要找出线团的线头，剔除多余的旁枝末节，化繁为简，好钢用在刀刃上，集中最大的力量去解决最重要的问题。

4.没有什么不可以放下

很多哈佛学子愿意去做第一个牺牲和奉献的人，他们明白：风险有多大，回报就有多大。如果总是瞻前顾后，不肯放弃一些东西，那么也必定不会得到收获。正如比尔·盖茨放弃了留在哈佛继续深造的机会，投身自己感兴趣的研究，才有了今天的微软帝国。

2006年6月，"股神"巴菲特宣布将把自己的大部分财富捐给5家慈善基金会。巧合的是，在此10天前，比尔·盖茨表示他将在今后两年内逐步退出微软公司的日常管理，转而全身心投入慈善事业，"我将把全部财富用于捐赠，而不是留给自己的3个孩子"。盖茨对于自己的决定曾有过这样的解释："我只是这笔财富的看管人，我需要找到最好的使用方式。"

古希腊著名哲学家苏格拉底曾教诲人们："心灵的容积承受过大就会让人烦恼和不安，要懂得学会取舍。"放弃不是妥协，不是认输，相反，很多时

候,放弃其实是"失之东隅,收之桑榆"的惊喜。懂得适时地有所放弃,这正是我们获得内心平衡、获得快乐的秘方。

有一支淘金队伍在沙漠中行走,大家都步伐沉重,痛苦不堪,只有一人快乐地吹着口哨。有人问:"你为何如此惬意?"他笑道:"因为我带的东西最少。"原来快乐很简单,拥有少一点就可以了。

"有个好莱坞歌王决定暂时退出歌坛,在他接受媒体采访时说:"当我年轻的时候,觉得自己就要像参加赛跑的马,戴着眼罩拼命往前跑,除了终点的白线之外,什么都看不见。这样才能集中所有心力完成自己的理想,不给人生留下遗憾。

"于是,我继续往前奔跑,一年年过去了,我有了地位,也有了名誉和财富及一个我深爱的家庭。虽然在追求理想的路上受了诸多波折,但是我还是期待更加完美。于是,我努力向前。可是渐渐地,我的家庭缺少了欢笑,我并不像别人那样快乐。

"直到有一次,有人打电话告诉我,我的第四个孩子出世了。我突然觉得很难过,每一个孩子的出生,我都不在家,而且我也从来没看过孩子们走第一步的样子,他们的生活,我只有从我妻子那里知道。

"我顿时发现了自己人生的遗憾,可是这个遗憾却让我有了新的期待。现在,我要回归到自然状态,好好去经营我的家庭和生活,和我的孩子们一起度过圣诞节,和朋友一起打球,和妻子一起旅游,把这些遗憾都弥补过来,也让我的家庭和我自己再次拥有幸福。"

不会欣赏和享受生活是我们最大的悲哀,学会放下才能收获美丽人生。虽然这个道理大多数人都懂,却无法真正做到,因为他们常以"家庭和责任"为借口,不能停止拼命。可是时间不等人,当你赚够了钱再来放慢脚步享受生活

第十二章 参透生活，幸福不是目标而是一种状态

的时候，或许你孩子的天真笑脸、家人的健康身体，连同你的美好心情，都已成为过去——那个时候，赚来的钱又能做什么呢？

特别是作为一个领导者，有太多的东西放不下：放不下功名，放不下金钱，放不下荣耀……这些重担与压力，使很多人生活得非常艰苦、烦躁和不安。这时候，放下不失为一条解脱之道，要知道，这世界上，真的没有什么放不下。

有位企业家被问到自己的成功秘诀时说："归纳起来也只是四条：坚持；坚持；坚持；放弃。"众人大惑不解：既然前三条都是坚持，还差最后一步吗？

企业家说："当我们需要放弃的时候，就应该果断地放弃。因为如果你确实把自己百分之百的努力都用上了却还没有成效，很可能就是此路不通，坦言说，它已经不值得再去挖空心思拼命做了。这时候最明智的选择就是赶快放弃，及时调整掉头，寻找新的方向，千万不要在一棵树上吊死。"

每天让自己纠缠于那些不值得做的事情，影响的不仅是自己的心情，更是对时间最大的浪费。所以，在我们做事之前，一定要辨别这件事有没有价值，到底值不值得花费时间和精力去做。如果它果真没有什么坚持下去的意义，不如现在就放开，另辟蹊径。

作为一个领导者，压力颇大，这就要学会放下。放下了压力，心态变得年轻；放下了烦恼，快乐其实很简单；放下了自卑，自信满满；放下了消极，获得一种向上的人生；放下了狭隘，心宽路就宽。

因此，作为领导者，应该学会计划，学会放弃，学会豁达。丢掉那些即使没有它也不会对你产生多大影响的东西，丢弃那些让你负重累累的东西，摒弃那些让你心神不宁的东西，从而获得身心的轻松自在。

5. 常怀感恩之心

早在2006年,美国《福布斯》杂志在评选年度全球超级富豪时评估说,比尔·盖茨目前的个人财富已经达到大约500亿美元。有人甚至开玩笑说,盖茨那么有钱,估计在街上看到1万美元他都不屑于弯腰去捡。

虽然拥有"富可敌国"的财富并未让盖茨感到多快乐,但是盖茨却希望用自己的钱为社会做点事。在过去几年里,盖茨把他的大量个人财富捐献给了慈善事业。盖茨夫妇成立的世界上最大的私人慈善机构迄今已经在世界各地捐赠了几百亿美元,以帮助那些正和艾滋病、疟疾、肺结核以及饥饿做斗争的弱势群体。

盖茨回馈社会的做法让他得到了久违的快乐,而他也在这种感恩行动中意识到:一个人只有懂得感恩,才能拥有享受生活的权利。

美国密西根大学调查研究中心曾经对数千人进行了十几年的追踪调查。他们发现心有感恩情怀的人,会自动乐于助人,生活快乐且寿命显然延长;相反,那些不知感恩的人,自私无情、性格孤僻、损人利己,也因此无法与他人融洽相处,他们的死亡率比正常人高出1.5倍。

在哈佛心理课上,泰勒·本·沙哈尔教授感言道:"当感恩成为一种习惯,我们可能会更多地珍惜生活中的美好,而不会把它们当成理所当然。"一个不懂感恩的人,往往会与生活中很多美好的东西失之交臂,这样的失落与遗憾,怎么能让你意识到幸福的存在呢?

一家外资公司要招聘职员,岗位只有一个,经过初试、复试之后

第十二章 参透生活，幸福不是目标而是一种状态

还剩下五个候选人。人事告诉他们：结果会在三天之内出来，到时会有通知。于是，五个人都回家耐心地等消息。

第二天，五人之中的一个女孩收到这家公司的邮件，内容如下：

"经公司研究最终决定，很遗憾你落聘了。我们欣赏你的才华和学识，但因名额有限，实属割爱之举。你所提交的应聘材料我们会尽快邮寄返还给你，感谢你对本公司的信任，祝你开心。"

没能进入自己心仪的公司，女孩十分伤心，但同时又为这家公司的诚意所感动。于是，她便顺手花了三分钟时间，给这家公司回了一封简短的感谢信。

没想到，第三天，女孩接到了公司的入职电话。后来，她才明白过来，这是公司的最后一道考题——相同内容的邮件同时发给了五个候选人，只有她回复了邮件表示感谢。原来，最终脱颖而出的那个，是能够花上三分钟去表达感激之情的人。

这绝对不是一个偶然事件。在满心期盼落空的沮丧情绪里，大多数人都会失魂落魄，但如果此时还能有人感激别人的诚意并且将这种感激之情表达出来，说明这个人时常怀着一颗感恩之心——这真是性格决定命运的真实写照。

泰勒教授说：值得感激的事情可大可小，一顿丰盛的晚餐，与久别重逢的老友一次倾心的交谈，一份顺心的工作，心中不灭的信仰……凡此种种，每次的感激，每次留在"感恩簿"上面的记录，都会让你慢慢将感恩当成一种习惯，随时随地都存在，时时刻刻都会珍惜生活中的美好，而不会再麻木地将之视作理所当然。

作为企业领导者，常怀感恩之心也是十分必要的，如果当初没有员工的鼎力相助与支持，没有他人提供的机遇与平台，很可能你就不会走到今天这个领导位置上。因此，领导者更要懂得感恩回报，为自己的企业管理注入一

丝温情，也更能让下属死心塌地地追随你，同时也在社会上树立一个好的形象与名声。

在一个"与成功者对话"的论坛上，有位听众请教台上的企业家："您觉得一个人成功的秘诀是什么？"企业家答道："保持一颗感恩的心。只要你对人、对事、对物保持一颗感恩的心，你一定会成功。"这段话赢得了阵阵掌声。

感恩与外部条件无关，它是一个人内心深处的切实领悟，是对生命的热爱和对生命的珍惜。一个人怀有感恩之心，决不会任意糟蹋自己和他人的生命。正如世界科学巨匠霍金所说："我的手还能活动；我的大脑还能思维；我有终生追求的理想；我有爱我和我爱着的亲人与朋友；对了，我还有一颗感恩的心。"

所以说，表面化的感谢或报恩并不是感恩，它是一种对他人付出的理解与认可，是一种宽容、满足与珍惜的心态。因此，作为领导者，当你陷入紧张而忙碌的工作与生活之中，不妨静下心来，用心感受美好宁静的生活，记录下每一个幸福的点点滴滴，提醒着自己要常怀感恩之心。

6.运动带来健康和快乐

毕业于哈佛大学的NBA篮球明星林书豪，不仅有健康的体魄，更有着积极的心态。他曾说："很多人打球的动机是金钱、女孩子和奢侈的生活方式。我也是人，我也经常被世俗所诱惑，但是我知道我打球不是为了这些。我打球的动机是追求'永恒的快乐'，不是输赢的快乐。想明白了一点，我的心灵就得到了神奇的'安宁'。这种神奇的'安宁'带来了奇迹的表现。有了我心中的'安宁'，就算事情出了差错，我仍然坐在那里，仍然可以醒过来，可以微笑面对，一切都会变好，我只需保持快乐。"

第十二章　参透生活，幸福不是目标而是一种状态

如果告诉你，有一种可以提高你生命质量与长度、为你带来幸福感的神奇秘方，你想不想得到？

回答肯定是：当然，这是每个人的愿望。

那么，这个神奇的秘方，就是运动。

美国著名心理学家威廉·詹姆士在一篇题为《论放松情绪》的文章里说："美国人过度紧张、坐立不安、着急以及紧张痛苦的表情……是种坏习惯，不折不扣的坏习惯。"人如果因为不会放松自己，长期处于这种焦虑、恐慌的状态里，很可能会带来心理连同身体上的病症。

学会放松自己的一种简单而有效的方式，就是让自己投入到运动当中，让自己的身心能够合二为一，感受一下轻松自由的气氛。在这个过程中，你会逐渐发现，运动带来的不仅只有健康，还有宝贵的快乐。

美国前总统布什毫不讳言运动是他的"减压大法"。

在中学时期，布什就迷上了踢英式足球。在耶鲁读大学时，他成了校棒球队的一名出色的垒手。入主白宫后，他喜欢沿着波多马克河慢跑。而在肯尼邦克港老家度假时，他则抽空打高尔夫、打网球、掷马蹄铁、游泳、打乒乓球或玩室内排球。

布什对运动的狂热，有时连白宫的一些幕僚都惊讶于他的旺盛体力。他在老家肯尼邦克港时添置了很多运动设施，并且常邀白宫重要幕僚或某些部长前往。他固定在家附近的阿德伦尔角高尔夫球俱乐部打球。

打完高尔夫球，布什经常与家人或客人乘快艇到肯尼邦克港外海钓鱼。回到宅院，有时他一个人掷马蹄铁，孩子们则在旁观看。布什是个天生的左撇子，不过他打网球时却用右手。

有科学研究表明，体育锻炼可以驱散抑郁状态下释放的激素、葡萄糖和油脂，提高肾上腺髓质分泌儿茶酚胺的能力，儿茶酚胺增多能缓解抑郁症状。另外，体育锻炼可通过释放一种叫作"β-内啡肽"的脑化学物质，改善人体中枢神经的调节能力，并提高机体对有害刺激的耐受力，令人感到镇静和快乐。

运动可以消耗身体热量，改善体能，让运动者有自我掌控感，并因此增强自信心。例如：有氧运动是指运用身体大肌肉的运动，运动的人每分钟最大心率在50~85下，包括游泳、慢跑、骑脚踏车等都是，这类运动不是很激烈，但对体能的提升很有帮助。最好每个星期至少运动3天，每次至少做20~30分钟。

在这个压力较大的时代，许多人都没有空余的时间去做专门的运动，尤其是那些领导者，终日没完没了的例行公事让人头昏脑涨，处理起公司里大小事务时恨不能分成三头六臂，哪里有时间去健身？

压力一大，伴随而来的就是一些消极的心理因素：焦急、忧虑、发愁等，这个时候，我们迫不及待而且必须要放松。因为消极的情绪会影响人的健康，一个人拥有稳定的情绪是事业成功的必要条件，这就是为何现在人们特别注意培养"情商"的原因。

铁托是南斯拉夫人民爱戴的领袖，也是著名的国际事务活动家。铁托一生经历坎坷，坐过牢，遭过流放，但他的身体十分强健，活了88岁，而且他一直思维敏锐，精力过人。他的高龄是与他坚持体育锻炼分不开的。

铁托的钓鱼瘾是尽人皆知的。有时哪怕是短暂的闲暇，也要扛起钓竿到水边去碰碰运气，即使没有鱼咬钩，他也一点不烦恼。他常对身边的人说，这不仅是一种很好的休息，而且可以培养军人所需要的观察和快速反应能力，也可以得到体育锻炼。

第十二章 参透生活，幸福不是目标而是一种状态

由于长期坚持户外体育活动，铁托的脸色被晒得黝黑。即使在出国访问期间，他也要打打台球。每次外出，他都坚持午后散步1小时。最为感人的是，耄耋之年，为保持自己的旺盛精力和思维能力，铁托还学会了玩一种多米诺骨牌。

由此看来，运动不仅令人体格健康，还有助于精神健康。运动对健康的许多好处，除了能激发身体各个部位的活力外，它还可以令人心情愉快，从而有效抗击抑郁，这也是医生在治疗抑郁症患者时常常鼓励他们进行适量锻炼的原因。

奥运圣火的发源地古希腊有这样一句格言：如果你想聪明，跑步吧；如果你想强壮，跑步吧；如果你想健美，跑步吧！在此对那些为了拼事业而不顾身体的领导者说一句：如果你想以更加饱满的精力与热情使事业锦上添花，那么，跑步吧！

当然，跟所有的事情一样，运动最重要的一点就是需要坚持。如果心血来潮活动几天，又由于情绪低落而放弃运动，那么永远也等不到运动的神奇效果光临。因此，作为领导者，拿出你在事业上坚持不懈勇往直前的耐心与毅力，运动吧！

7. 忙于事业的同时，别忽略家庭

2017年8月，马克·扎克伯格和妻子生下了第二个女儿。为此，马克·扎克伯格在Facebook上发表了欢迎女儿到来的公开信，让女儿不要那么快长大，要享受童年的奇迹。

信中写道："欢迎来到这个世界！我和你妈妈迫不及待地想要知道你会成长为一个怎样的人。相较于成长的话题，我们还是更想跟你说说童年。世界终究是个严肃的地方，所以抓紧时间出去玩耍很重

要。一旦长大,你就会变得很忙。所以我希望你能尽情地去嗅嗅所有的花朵,把你喜欢的叶子都放进小桶里。""我希望你可以在我们的客厅和后院里自由奔跑,想跑多少圈就跑多少圈。我还希望你能好好睡觉,我希望你是一个能睡的小姑娘。我希望即使在梦里,你依然能感受到爸爸妈妈是多么爱你。""宝贝,爸爸妈妈非常爱你,我们满心激动地和你踏上这段探险旅程。祝愿你这一生欢喜、有爱,充满希望,如同你带给我们的一样。"

卡耐基给终日忙于事业的领导者的箴言是:"享受平衡的生活,留一点空闲给工作以外的事,对每一个人都是非常重要的。"这样做,不但使人感觉生活更幸福美满,而且也一定会令人在工作时精力更充沛、精神更集中,并更具效率。

在我们的工作、学习及生活中,家人的重要性是无可比拟的:在你疲劳时,他们让你享受到放松和温暖的感觉;在你失意或落魄时,他们可以让你重新恢复积极和勇敢的信心;他们为你分忧却从不计报酬;他们懂得欣赏你的优秀并引以为荣……而所有的这些,对你而言,都弥足珍贵。

美国西森娱乐有限公司总裁阿罗本在浏览国际明星麦当娜的网站时,偶然看到一篇文章,里面记录了麦当娜的九个幸福瞬间,其中有几个是这样写的:

工作后第一次回家,把自己赚的几千美元难为情地拿出来给父母,说这是给你们的,长这么大第一次。爸爸愣在那儿,妈妈偷偷掉泪。

带儿子看儿童剧《迷宫》,他很兴奋,第一个把鞋子举起来。

躺在床上,一侧是老公,另一侧是孩子,他需要我,孩子也需要我。

……

第十二章 参透生活,幸福不是目标而是一种状态

一个世界级的乐坛天后,在回忆幸福时刻时,想起的竟是这些微不足道的生活琐事。麦当娜作为自己公司的第一签约艺人,阿罗本既感到意外又觉得无法容忍。于是,他找来在公司里有着"第一写手"之称的麦克斯·荣格,对他说:"麦当娜这样的幸福观简直太荒唐,难道拉斯维加斯的狂欢夜、百老汇的黄金舞台、好莱坞的化妆派对,都没有让她感到幸福吗?"

接着,阿罗本嘱咐荣格去伦敦悄悄找到麦当娜,要他写出一篇与麦当娜的幸福观全然不同的新闻来。

不久之后,人们从世界各大网站的娱乐版上,看到了荣格的文章,大意是:麦当娜在伦敦郊区的一处牧场里,在那儿她有一处由谷仓改建的房屋,她穿着短裤和平底鞋,做了一天的园艺,陪伴她的只有孩子和她的丈夫——那天,是她46岁生日。

谁也无法否认,这个故事的感染力真是太强大了,它让我们看到了一个事业有成、举世瞩目的成功者对家庭的重视。

如今,成功的事业,失败的家庭,这已经不再是某个特定的成功人士的悲哀,它似乎已经成了一个约定俗成的规则——事业若想辉煌,家庭的幸福指数就难以保证会不下降。而事实果真是这样吗?其实不然。

如果将家庭与事业比作天平两端的砝码,领导者就要兼顾两头的分量并使之保持对等,因为一旦有一头偏沉,天平就会失衡,工作和家庭都会受到影响。家庭事业双丰收的领导者不在少数,就看怎么去找到这其中的平衡点。

美国前第一夫人、前国务卿希拉里,曾于1992年8月在韦尔斯利毕业典礼的演讲中说:"你可以成为公司的高级职员或是研究火箭的科学家,你可以参加公职竞选,或是仅仅待在家里带孩子。但是现在你

可以做任何一种选择或所有那些选择，总之，它们可以成为你生活中的工作。"

希拉里始终认为，女人需要在事业和家庭之间取得平衡，由此才能在国事家事中游刃有余。不管希拉里工作有多忙，她都会抽出时间给自己的家庭。在她心中，女儿切尔西高于她身边的一切事物，而且一直是她生活中的乐趣，她把照顾女儿作为自己生活中的一项工作。在切尔西成长的时候，她几乎没有错过一次观看切尔西参加垒球或芭蕾舞表演的机会。她周围的朋友也说她对孩子是非常关心和爱护的。

希拉里不是天生的女权主义者，她是妻子、母亲、儿童权利活动家、法学教授、政治顾问、一个普通公民等角色的统一体。能将这些角色集于一身，做到事业、家庭双丰收，这都要归功于希拉里高超的平衡艺术。

事实上，每一个成功人士或领导者都没有必要把工作与家庭截然分开，而是应把二者有机结合起来。只要找到二者之间的平衡点，比如工作再忙也不忽略孩子的教育，任务再多也尽可能抽出时间来陪爱人吃晚饭，等等。能做到这些，事业上的成功、家庭中的幸福，就不再会有遗憾。

总之，作为一个领导者，无论在办公室、家里或旅途中，都应随时随地保持生活的平衡，这是非常好的一件事。千万不要再把花在家人、运动或休闲上的时间看成是徒劳无功。生活平衡的重要性，每个人都应该知道，作为领导者尤其需要了解并重视起来。